westermann

Christine Wolf



# Prüfungstraining KOMPAKT

## Lagerlogistik

2. Auflage

Bestellnummer 28211

Für Verweise (Links) auf Internet-Adressen gilt folgender Haftungshinweis: Trotz sorgfältiger inhaltlicher Kontrolle wird die Haftung für die Inhalte der externen Seiten ausgeschlossen. Für den Inhalt dieser externen Seiten sind ausschließlich deren Betreiber verantwortlich. Sollten Sie daher auf kostenpflichtige, illegale oder anstößige Inhalte treffen, so bedauern wir dies ausdrücklich und bitten Sie, uns umgehend per E-Mail davon in Kenntnis zu setzen, damit beim Nachdruck der Verweis gelöscht wird.

Druck und Bindung: Westermann Druck GmbH,
Georg-Westermann-Allee 66, 38104 Braunschweig

ISBN 978-3-427-**28211**-2

# Vorwort

Die Notwendigkeit der Logistik wird weitgehend unabhängig vom sonstigen Weltgeschehen bleiben und wachsen. Wenn Sie eine Ausbildung in diesem Bereich abschließen, sind Ihre beruflichen Zukunftsaussichten sehr gut. Die Abschlussprüfung im Logistikbereich ist Chance und Herausforderung zugleich. Neben einem fundierten Fachwissen werden in den Abschlussprüfungen verstärkt Fähigkeiten zum selbstständigen Denken und Handeln erfragt. Damit einher gehen komplexere Aufgabenstellungen, die, in Situationen eingebettet, die berufliche Handlungskompetenz aufzeigen sollen. Das vorliegende Buch ist eine **zielgerichtete Vorbereitung auf Prüfungsinhalte und Fragetechniken**. Es entspricht der aktuellen Prüfungsordnung für Fachlageristen und Fachlageristinnen und Fachkräfte für Lagerlogistik.

Die Reihe „Prüfungstraining kompakt" ist die **ideale Ergänzung** zur Reihe „**Prüfungswissen kompakt**". Die Aufgaben dieses Buches sind exakt in Gliederung und Reihenfolge dem Buch „Prüfungswissen kompakt" angeglichen. Dadurch wird Ihnen das parallele Arbeiten mit beiden Büchern erleichtert. Das Ergebnis ist eine **effiziente Prüfungsvorbereitung** und eine hilfreiche punktuelle **Vorbereitung auf Klassenarbeiten** in der Berufsschule.

Die **Abschlussprüfung** besteht bei beiden Lagerlogistikberufen aus vier Teilen. Der erste schriftliche Teil **„Prozesse der Lagerlogistik"** wird am ersten Prüfungstag in ungebundener/offener Form abgefragt. Beim Beruf Fachlagerist/-in folgen am gleichen Tag die gebundenen schriftlichen Prüfungsteile **„Rationeller und qualitätssichernder Güterumschlag"** und **„Wirtschafts- und Sozialkunde"**. Bei den Fachkräften werden diese beiden Prüfungsteile an einem getrennten zweiten Prüfungstag geprüft. Alle Prüfungsthemen werden mit den Aufgaben dieses Buches trainiert. In diesem Buch finden sich im eigentlich ungebundenen Teil A teilweise auch gebundene Fragen, da die entsprechenden Inhalte in der Zwischenprüfung und im Teil „Güterumschlag" ebenfalls gebunden gefragt werden. Die meisten Aufgaben beziehen sich auf das **Modellunternehmen** „Teekontor Hein KG".

Für beide Berufe findet ca. 5 bis 6 Wochen später die **praktische Prüfung** in Form von zwei Arbeitsproben statt. Genauere Informationen zur Abschlussprüfung finden Sie im Kapitel „Prüfungsmodalitäten“. Ein ausführliches **Sachwortverzeichnis** hilft Ihnen beim schnellen Auffinden von Aufgaben zu speziellen Themen.

Verfasserin und Verlag wünschen Ihnen viel Freude und Erfolg beim Arbeiten mit diesem Buch oder am besten mit den beiden Prüfungsbüchern. Möge Ihr Fleiß sich im Erreichen der gewünschten Prüfungsergebnisse spiegeln!

Frankfurt am Main, Sommer 2024 — Christine Wolf

# Inhaltsverzeichnis

# PRÜFUNGSMODALITÄTEN

## 1. Gesamtüberblick

### Ausbildungsberuf Fachkraft Lagerlogistik

| Prüfungsfach | Dauer (Minuten) | Gewichtung |
|---|---|---|
| Prozesse der Lagerlogistik | 150 | 25 % |
| Rationeller Güterumschlag | 90 | 15 % |
| Wirtschafts- und Sozialkunde | 60 | 10 % |
| Praktische Prüfung (2 Arbeitsproben) | Je nach Kammerbezirk unterschiedlich | 25 % |

### Ausbildungsberuf Fachlagerist/-in

| Prüfungsfach | Dauer (Minuten) | Gewichtung |
|---|---|---|
| Prozesse der Lagerlogistik | 90 | 25 % |
| Rationeller Güterumschlag | 60 | 15 % |
| Wirtschafts- und Sozialkunde | 60 | 10 % |
| Praktische Prüfung (2 Arbeitsproben) | Je nach Kammerbezirk unterschiedlich | 25 % |

Alle Aufgaben beziehen sich bei den schriftlichen Prüfungen auf ein Modellunternehmen. Bei den Fachlageristinnen und Fachlageristen wird die Zwischenprüfung praktisch geprüft, sehr häufig als Warenannahme. Die **Zwischenprüfung** der Fachkräfte Lagerlogistik besteht aus 45 gebundenen Aufgaben, davon 8 bis 10 Fragen aus Wirtschafts- und Sozialkunde, 4 bis 8 Aufgaben zum Fachrechnen und der Rest vorrangig aus den Lernfeldern 1, 2 und 4 der Berufsschule. Dieses Trainingsbüchlein bereitet Sie auch auf die Aufgaben der Zwischenprüfung vor.

# 2. Prüfungsfächer im Einzelnen

## Teil A Prozesse der Lagerlogistik

Dieser Prüfungsteil umfasst drei bis vier zusammenhängende Situationen aus den Themengebieten Warenannahme, Lagerhaltung, Kommissionierung, Verpackung und Versand. Innerhalb der Situationen werden offene Fragen mit Operatoren gestellt. Die Operatoren bestimmen den erwarteten Umfang der Beantwortung und damit auch die zu erreichenden Punkte je Aufgabe:

***Beispiele***

- *„Nennen Sie …“* – Einzelne Wörter als Antwort genügen.
- *„Beschreiben Sie zwei Vorteile …“* – Antworten Sie in ganzen Sätzen und verdeutlichen Sie die Anzahl der beschriebenen Vorteile, z. B. mit Spiegelstrichen oder Nummerierung.
- *„Begründen Sie …“, „Entscheiden Sie …“* – Antworten Sie in ganzen Sätzen und stellen Sie einen Bezug her zwischen der Ausgangssituation und den von Ihnen gezogenen Schlüssen.
- *„Berechnen Sie …“* – Zeigen Sie deutlich Ihren Rechenweg auf und kennzeichnen Sie Ihr Ergebnis. Der Rechenweg ist wichtig, da es auch Teilpunkte für Berechnungen gibt, selbst wenn das Ergebnis nicht korrekt ist.

Bitte bedenken Sie, dass dieser Prüfungsteil von Prüfungsausschüssen, also von Menschen, korrigiert wird. Je deutlicher und ordentlicher Sie schreiben, desto leichter machen Sie den Korrektorinnen und Korrektoren die Korrektur. Teilen Sie den Platz zur Beantwortung übersichtlich mit Leerzeilen ein. Nehmen Sie neben (zur Sicherheit zwei) Taschenrechnern auch Lineal und ausreichend Stifte zur Prüfung mit und am besten noch dunkle Schokolade als Nervennahrung. Die Zeit für die Beantwortung wird regelmäßig von Prüflingen als angemessen beurteilt, also bleibt Ihnen genügend Zeit für eine ordentliche Vorgehensweise.

# Teil B Rationeller und qualitätssichernder Güterumschlag

Dieser Prüfungsteil umfasst ebenfalls fachliche Inhalte und enthält bei den Fachkräften 34 bis 38 gebundene Fragen, einschließlich 5 bis 8 Aufgaben zum Fachrechnen. Bei den Rechenaufgaben dieses Prüfungsteils zählt nur das Ergebnis Ihrer Berechnung, da Sie alle Lösungen in einen Bogen eintragen, der von der IHK maschinell ausgewertet wird. Falls Sie eine Lösung nachträglich noch ändern möchten, streichen Sie die alte Lösung auf dem Bogen deutlich durch und schreiben Sie die neue Lösung ***unter*** das Kästchen!

Es gibt:

## Mehrfachwahlaufgaben

**Beispiel:**
Wovon hängt die Mindestbestandshöhe des einzelnen Artikels ab?
1 Von der Zuverlässigkeit des Lieferers
2 Vom Meldebestand
3 Vom Höchstbestand
4 Von der Umschlagshäufigkeit
5 Von der Lagerdauer

*Die Lösung ist 1.*

## Zuordnungsaufgaben

**Beispiel:**
Ordnen Sie zu, indem Sie die Kennziffern von drei der insgesamt sieben Nachlässe in die Kästchen neben den Merkmalen eintragen.

**Nachlässe**
(1) Sonderrabatt
(2) Wiederverkäuferrabatt
(3) Treuerabatt
(4) Naturalrabatt
(5) Mengenrabatt
(6) Bonus
(7) Skonto

### Merkmale

Der Nachlass wird in Form von Waren gewährt. ☐

Der Nachlass wird nur Einzelhändlern, nicht aber Endverbrauchern gewährt. ☐

Der Nachlass wird nachträglich in Form einer Umsatzvergütung gewährt. ☐

*Lösung ist 4,2,6.*

### Reihenfolgeaufgaben

**Beispiel:**
Bringen Sie die folgenden Arbeitsvorgänge, die den Ablauf von der Bedarfsmeldung bis zum Wareneingang aufzeigen, in die richtige Reihenfolge, indem Sie die Ziffern 1 bis 7 in die Kästchen eintragen.

Überprüfung des Wareneingangs auf Vollständigkeit ☐

Einholen von Angeboten ☐

Überwachung des Liefertermins ☐

Bedarfsmeldung vom Lager ☐

Bestellung nach Angebotsvergleich ☐

Feststellung der Bezugsquellen ☐

Wareneingangsmeldung an den Einkauf ☐

*Die Lösung ist 6, 3, 5, 1, 4, 2, 7.*

## Teil C Wirtschafts- und Sozialkunde

Dieser Prüfungsteil umfasst 26 bis 30 gebundene Aufgaben. Obwohl die Gewichtung für das Gesamtprüfungsergebnis hier am geringsten ist, sollte der Prüfungsteil C nicht unterschätzt werden. Da jede Aufgabe knapp 4 % ausmacht, müssen, um noch die Note „ausreichend" zu schaffen, ca. 14 oder mehr Aufgaben richtig sein. Bei Fachkräften Lagerlogistik darf es keine Note „ungenügend" (unter 30 %) in der Prüfung geben, um zu bestehen. Für dieses Prüfungsfach heißt das: Es müssen ca. 8 bis 9 Fragen richtig beantwortet werden, sonst ist die gesamte schriftliche Prüfung nicht bestanden. Mit beständigem Üben ist jedoch auch in diesem Fach eine gute Note erreichbar. Mein Tipp für Sie: Lernen Sie zuerst für die beiden anderen Prüfungsfächer und erst danach für Wirtschafts- und Sozialkunde, da diese Inhalte eher kurzfristig abrufbar bleiben.

## Praktische Prüfung

Je nach Kammerbezirk werden bei beiden Arbeitsproben „praktisches Vorgehen“ bei z. B. Warenannahme, Kommissionierung und/oder Einlagerung und bei Fachkräften auch die Tourenplanung bewertet. Neben den eigentlichen Tätigkeiten gehen auch Ihr Umgang mit Arbeitsmitteln und Ihr effizientes Vorgehen in die Note ein. Das außerdem zu bewertende Fachgespräch kann separat mündlich geführt werden oder während Ihrer Tätigkeit mit zusätzlichen Fragen stattfinden.

**Ein Beispiel für eine Arbeitsprobe:**

Sie erhalten an einem Packtisch einen Kundenauftrag mit 5 Positionen, davon ist eine Position Gefahrgut. Sie suchen aus dem WWS die Lagerorte heraus und erläutern dabei den Prüfern bzw. Prüferinnen Ihr Vorgehen. Sie werden dabei zusätzlich zum Gefahrgut befragt. Anschließend suchen Sie die Lagerorte auf, kommissionieren die 5 Positionen und erläutern dabei Ihren besonderen Umgang mit dem Gefahrgut. Sie werden zusätzlich dazu befragt, was Sie unternehmen, falls eine Position nicht vorrätig ist, oder wie Sie bei permanenter Inventur vorgehen. Anschließend wählen Sie eine geeignete Schachtel (für das Gefahrgut und weder zu klein noch zu groß), füllen den Lieferschein aus und verpacken die Sendung. Jeden Ihrer Arbeitsschritte begründen Sie den Prüfern bzw. Prüferinnen. Sie könnten z. B. auch fragen, wo die Zusammenladbarkeitstabellen zu finden sind, um zu prüfen, ob das Gefahrgut getrennt gesendet werden muss oder zusammen mit den anderen Positionen.

## Ergänzungsprüfung

Auch wenn Ihre schriftliche Prüfung (noch) nicht bestanden wurde, können Sie die praktische Prüfung unabhängig davon ablegen und dann ein halbes Jahr später nur die schriftliche Prüfung wiederholen.

Sollten die Ergebnisse der schriftlichen Prüfung nur knapp an der Note „ausreichend“ vorbeigegangen sein, können Sie zum Prüfungstermin der praktischen Prüfung versuchen, doch noch mithilfe einer Ergänzungsprüfung zu bestehen.

**Beispiel 1:**
Prüfungsergebnisse schriftlich:

| Fach | Punkte | Faktor | Gesamt |
|---|---|---|---|
| Logistische Prozesse | 64 | 0,5 | 32 |
| Güterbewegung | 47 | 0,3 | 14,1 |
| WiSo | 32 | 0,2 | 6,4 |
| | | | 52,5 |

Der Prüfling im Beispiel hat zwar die Gesamtpunktzahl von über 50 bereits erreicht, aber er hat zweimal „mangelhaft“ und muss ein „mangelhaft“ auf ein „ausreichend“ bringen. Die Ergänzungsprüfung zählt immer einfach, die schriftliche Vornote doppelt.

***Güterbewegung:*** 50 × 3 = 150 – (47 × 2) = Der Prüfling muss mindestens **56 Punkte** in der Ergänzungsprüfung erzielen.
***WiSo:*** 50 × 3 = 150 – (32 × 2) = Er muss mindestens **86 Punkte** in der Ergänzungsprüfung erzielen.

*Folglich wählt er besser „Güterbewegung“ als Fach für die Ergänzungsprüfung.*

**Beispiel 2:**
Prüfungsergebnisse schriftlich:

| Fach | Punkte | Faktor | Gesamt |
|---|---|---|---|
| Logistische Prozesse | 54 | 0,5 | 27 |
| Güterbewegung | 44 | 0,3 | 13,2 |
| WiSo | 32 | 0,2 | 6,4 |
| | | | 46,6 |

Dieser Prüfling hat die Gesamtpunktzahl von 50 ***nicht*** erreicht, er hat zweimal nur „mangelhaft“ und muss eine 5 auf eine 4 ***mit der entsprechenden Punktzahl*** bringen.

Berechnung:

| Fach | Punkte | Faktor | Gesamt |
| --- | --- | --- | --- |
| Logistische Prozesse | 54 | 0,5 | 27 |
| Güterbewegung | 56 ← | : 0,3 ← | 16,6 ↑ |
| WiSo | 32 | 0,2 | 6,4 |
| | | | 50 |

Dieser Prüfling kann mit WiSo gar nichts erreichen. In „Güterbewegung" muss er 56 Gesamtpunkte erzielen, um auf 50 Punkte Gesamtergebnis zu kommen. Für die Ergänzungsprüfung heißt das:

*56 × 3 = 168 – (44 × 2) =* ***80 Punkte****; er muss mindestens 80 Punkte in der Ergänzungsprüfung erzielen.*

Nur etwa 6 % der Prüflinge fallen in der schriftlichen Prüfung durch. Von diesen wenigen erreicht noch mindestens die Hälfte durch eine Ergänzungsprüfung das Bestehen der Prüfung. Durchzufallen ist also fast ein „No-Go".

**Ihr Ziel ist ein anderes:** Sie möchten zu den immerhin ca. 25 % der Prüflinge gehören, die in der Abschlussprüfung die Gesamtnote „eins" oder „zwei" erreichen. Die Note „befriedigend" ginge für Sie gerade noch durch.

# 3. Beschreibung Modellunternehmen

Sie sind Mitarbeiterin/Mitarbeiter der Teekontor Hein KG.

| | |
|---|---|
| Name | Teekontor Hein KG |
| Geschäftssitz | Amsinckstraße 44<br>20097 Hamburg |
| Betriebsform | Internationaler Teegroßhandel und Logistikdienstleister für Export/Import |
| Homepage | www.heintee-wvd.de |
| Mitarbeitende | 70, davon 12 Auszubildende |
| Geschäftsführer und Komplementär | Horst Hein |
| Kommanditisten | Knut Petersen und Uwe Jensen |
| Bankverbindung | Hanseatic Bank GmbH & Co. KG<br>IBAN DE89201207003580413258<br>BIC HSTBDEHHXXX |

# A

# PROZESSE DER LAGERLOGISTIK

## 1. Warenannahme

**Situation zu den Aufgaben 1 bis 7:**

Sie sind seit gestern im Wareneingang der Teekontor Hein KG tätig. Jeden Tag erreichen die Teekontor Hein KG Sendungen aus aller Welt.

**Aufgabe 1**

*Der Abteilungsleiter hat Ihnen eine Übersicht der Tätigkeiten in der Warenannahme erklärt. Ihre Notizen sind dabei durcheinandergeraten. Bringen Sie die Vorgänge beim Wareneingang in die richtige Reihenfolge, indem Sie die Ziffern 1 bis 6 in die Kästchen eintragen.*

| | |
|---|---|
| Prüfen der Empfängeranschrift | ☐ |
| Prüfen von offenen Mängeln an der ausgepackten Ware | ☐ |
| Unterschrift auf dem Lieferschein oder Frachtbrief | ☐ |
| Einsortieren im Lager und Erfassung in der Lagerdatei | ☐ |
| Wareneingangsmeldung der mangelfreien Ware an den Wareneinkauf | ☐ |
| Prüfen der Versandverpackung | ☐ |

**Aufgabe 2**

*Ordnen Sie zu, indem Sie die Kennziffern von drei der insgesamt sechs Versandmöglichkeiten in die Kästchen bei den Versandpapieren eintragen.*

**Versandmöglichkeiten**
(1) Werkverkehr
(2) Waggon DB Schenker Rail

(3) Luftfracht
(4) Schnellsendung Post
(5) Binnenschifffahrt
(6) Hochseeschifffahrt

**Versandpapiere**

Lieferschein ☐

Airway Bill ☐

Ladeschein ☐

## Aufgabe 3

*Eine Sendung trifft per Lkw ein. Die Fahrerin übergibt Ihnen den Lieferschein. Welche Angabe muss ein Lieferschein immer enthalten?*

(1) Lieferbedingung
(2) Lieferzeit
(3) Liefermenge
(4) Versandart
(5) Preis der Ware

## Aufgabe 4

*Sie nehmen im Wareneingang eine Lieferung auf vielen Europaletten entgegen. Der Frachtführer möchte leere Paletten wieder mitnehmen. Bringen Sie die folgenden Arbeitsschritte in die richtige Reihenfolge, indem Sie die Ziffern 1 bis 6 neben den Arbeitsschritten eintragen.*

Quittierung des Frachtführers auf dem Leergutschein ☐

Gemeinsam mit dem Frachtführer die Anzahl der tauschfähigen Paletten feststellen ☐

Entsorgen der nicht mehr tauschfähigen Paletten ☐

Abladen der Lieferung ☐

Verladen der Tauschpaletten gemäß Leergutschein auf den Lkw ☐

Ausfüllen des Leergutscheins ☐

## Aufgabe 5

*Im Hamburger Hafen treffen 4 Tonnen Assamtee aus Indien für die Teekontor Hein KG ein. Nennen Sie zwei Transportpapiere, die mit der Sendung geprüft werden.*

## Aufgabe 6

*Ein Lieferant bestätigt der Teekontor Hein KG den Liefertermin Mitte November. Als die Ware am 10. November eintrifft, ist im Lager nicht genügend Platz vorhanden. Stellen Sie fest, wie die Rechtslage ist.*

(1) Sie müssen die Ware annehmen, da der 10. November vereinbart war
(2) Sie müssen die Ware nicht annehmen, da erst der 15. November die Monatsmitte ist.
(3) Sie müssen die Ware annehmen, da die Fälligkeit der Lieferung nicht exakt bestimmbar ist und so der Lieferant sofort liefern kann.
(4) Sie lagern die Sendung auf Kosten des Lieferanten in einem Lagerhaus ein.
(5) Der Lieferant lagert auf unsere Kosten die Sendung in einem Lagerhaus ein.

## Aufgabe 7

*Sie haben bei der Anlieferung von zerbrechlicher Ware entdeckt, dass die Verpackung erheblich beschädigt ist. Sie fordern den Zusteller auf, Ihnen diese Beschädigung zu bestätigen. Er erklärt sich dafür nicht zuständig und verweigert die gewünschte Bestätigung. Daraufhin lehnen Sie die Annahme der Ware ab. Haben Sie richtig gehandelt?*

## Aufgabe 8

*Drei Europaletten mit jeweils 24 Säcken losem Tee werden geliefert. Bei der Warenannahme werden folgende Beschädigungen festgestellt:*

| | |
|---|---|
| Palette 1 | 1/3 der Säcke |
| Palette 2 | 1/4 der Säcke |
| Palette 3 | Die Hälfte der Säcke |

*Berechnen Sie, wie viele Säcke als Mängel gerügt werden müssen.*

## Situation zu den Aufgaben 9 bis 14:

Sie sind heute (siehe Liefertermin) in der Warenannahme eingesetzt. Die Lieferung der Fachhandels Wagner GmbH soll ordnungsgemäß angenommen und das Packmitteltauschkonto geführt werden. Anschließend soll die Warenkontrolle durchgeführt werden. Ihnen liegt der abgebildete Ausschnitt der Bestellung vor:

Teekontor Hein KG
Amsinckstr. 44
20097 Hamburg

Teekontor Hein KG • Amsinckstraße 44 • 20097 Hamburg
Fachhandel Wagner GmbH
Bödeker Straße 54
30161 Hannover

www.heintee-wvd.de
E-Mail: mail@heintee-wvd.de

Datum: 24.11.20.
Bestellnummer 1298

**Bestellung**

Sehr geehrte Damen und Herren,

gemäß Ihrem Angebot bestellen wir zum Liefertermin 26.11.20..

| Art.Nr. | Artikel | Menge | ME |
|---|---|---|---|
| 2389 | Teeeier | 500 | Schachtel |
| 2050 | Teebeutel 50 mm | 1 000 | Stück |
| 2140 | Rolle Seidenpapier | 2 000 | Stück |
| 8925 | Teetassen | 80 | Stück |
| 9035 | Profilkanten Verpackung | 60 | Stange |
| 9176 | Kleinteile Verpackung | 26 | Kisten |

## Aufgabe 9

*Nennen Sie vier Kontrollen, die noch in Anwesenheit des Frachtführers durchzuführen sind.*

## Aufgabe 10

*Bei der Warenannahme stellen Sie fest, dass zwei der angelieferten Europaletten nicht tauschfähig sind. Geben Sie drei mögliche Fehler an, die Sie bei der Überprüfung der Tauschfähigkeit der Europaletten festgestellt haben.*

## Aufgabe 11

*Die Fahrerin nimmt 50 leere Europaletten nach Hannover mit. Erläutern Sie, was Sie noch unternehmen, bevor die Fahrerin gehen kann.*

## Aufgabe 12

*Ihnen liegt der unten abgebildete Lieferschein vor. Sie führen als Nächstes das Packmitteltauschkonto für den Lieferanten Fachhandel Wagner. Füllen Sie dazu die grau hinterlegten fehlenden Felder des folgenden Packmitteltauschkontos aus.*

| Packmitteltauschkonto Lieferant Fachhandel Wagner GmbH Hannover | | | |
|---|---|---|---|
| Datum | Anlieferung | Ausgabe | Bestand Hamburg |
| 01.11. | | | + 34 |
| 06.11. | 26 | 26 | |
| 13.11. | 15 | 2 | |
| 22.11. | 15 | 21 | |
| 26.11. | | | |

Fachhandel Wagner GmbH / Bödeker Straße 54 / 30161 Hannover

Teekontor Hein KG
Amsinckstraße 44
20097 Hamburg

Lieferscheinnummer: 05677
Liefertermin: 26.11.20..

Datum: 26.11.20..

**Lieferschein**

Packstücke: 6 Europaletten(Gutschrift auf Packmittelkonto)

| Art.Nr. | Artikel | Menge | ME |
|---|---|---|---|
| 2389 | Teeeier | 500 | Schachtel |
| 2050 | Teebeutel 60 mm | 1 000 | Stück |
| 2140 | Rolle Seidenpapier | 2 000 | Stück |
| 8925 | Teetassen | 100 | Stück |
| 9035 | Profilkanten Verpackung | 60 | Stange |
| 9176 | Kleinteile Verpackung | 25 | Kiste |

## Aufgabe 13

*Nun kontrollieren Sie die Waren anhand des Lieferscheins und der Bestellung. Beim Artikel Nr. 2140 führen Sie eine Stichprobenkontrolle durch und kontrollieren 0,2 % der angelieferten Menge. Berechnen Sie, wie viel Stück Sie zur Kontrolle entnehmen müssen. Sie stellen bei diesem Artikel keine Mängel fest.*

## Aufgabe 14

*Sie stellen bei den Profilkanten Verpackung fest, dass 5 Stangen verbogen sind. Vergleichen Sie nun die Bestellung mit dem Lieferschein und ergänzen Sie in folgender Übersicht die fehlenden Felder.*

## Empfängervermerke:

| Artikelnummer | Differenz +/– | Identität/Beschaffenheit |
|---|---|---|
| 2389 | 0 | OK |
| 2050 | | |
| 2140 | | |
| 8925 | | |
| 9035 | | |
| 9176 | | |

### Aufgabe 15

*Der Spediteur Gustav Maier liefert in zehn Paketen die bei der Firma Krummer in Hamburg bestellten 50 000 Blatt Briefbögen. Erklären Sie, welche gelieferte Anzahl Sie dem Spediteur bestätigen.*

### Aufgabe 16

*Die Abteilungsleitung erklärt Ihnen, dass bei Sendungen mit Kleinteilen in großen Mengen und mit einem geringen Wert je Teil nur eine Stichprobenkontrolle stattfinden soll. Beschreiben Sie zwei Sendungen, die sich* ***nicht*** *für eine Stichprobenkontrolle eignen.*

## Situation zu den Aufgaben 17 bis 23:

Heute ist es Ihre Aufgabe, die Feinkontrolle von gestern angelieferten Sendungen vorzunehmen und auf vom Lieferanten verursachte Mängel zu prüfen. Außerdem soll vor der Einlagerung das Bruttogewicht einer Sendung ermittelt werden.

### Aufgabe 17

*Beschreiben Sie, auf welche vier offenen Mängelarten Sie die Sendungen kontrollieren.*

## Aufgabe 18

*Bezeichnen Sie jeweils die folgenden Mängel bei Sendungen, die Sie als Logistikdienstleister für eine Textilhandlung einlagern sollen.*

(1) Statt der bestellten Damenhosen werden Herrenpullover geliefert.
(2) Die bestellten Outdoor-Allwetterjacken sind weder wind- noch regendicht.
(3) Statt der bestellten zehn Paletten werden elf geliefert.
(4) Drei Paletten mit Textilien standen im Regen und sind feucht geworden.
(5) Die bestellten 80-cm-Durchmesser-Regenschirme werden mit 1-m-Durchmesser geliefert.

## Aufgabe 19

*Ermitteln Sie das Bruttogewicht der gelieferten Sendung, indem Sie die fehlenden Felder auf dem folgenden Teilausschnitt eines Lieferscheins ausfüllen.*

| Lieferschein | | | | | |
|---|---|---|---|---|---|
| **Position** | **Bezeichnung** | **Artikelnummer** | **Anzahl/ Stück** | **Gewicht je Stück** | **Gewicht in kg** |
| 1 | Schwarztee | SW 1245 | 80 | 50 kg | |
| 2 | Tassen | TA 2513 | 100 | 1,2 kg | |
| 3 | Teefilter | TF 5241 | 1 200 | 0,050 kg | |
| 4 | Teeeier | TE 6524 | 100 | 0,020 kg | |
| 5 | Dose Duplex | DD 5241 | 50 | 8 kg | |
| | | | | **SUMME:** | |

## Aufgabe 20

*Sie erhalten den zum obigen Lieferschein passenden Bestellschein (Auszug). Beschreiben Sie unter Nennung der Position und Mangelart mögliche Differenzen zur Lieferung.*

| Bestellschein | | | | | |
|---|---|---|---|---|---|
| Position | Bezeichnung | Artikelnummer | Anzahl/ Stück | Gewicht je Stück | Gewicht in kg |
| 1 | Schwarztee | SW 1245 | 80 | 50 kg | |
| 2 | Tassen | TA 2513 | 1 000 | 1,2 kg | |
| 3 | Teekisten | TK 5214 | 1 200 | 3 kg | |
| 4 | Teeeier | TE 6524 | 100 | 0,020 kg | |
| 5 | Dose Simplex | DS 5341 | 50 | 8 kg | |

## Aufgabe 21

*Nennen Sie die vorrangigen Rechte, die Sie jeweils bei mangelhafter Lieferung der entsprechenden Positionen einfordern würden*

## Aufgabe 22

*Sie entscheiden sich bei der mangelhaften Position 5 für eine Preisminderung. Können Sie diese sofort geltend machen? Gehen Sie bei Ihrer Begründung auf 2 rechtliche Aspekte ein.*

## Aufgabe 23

*Auf Nachfrage beim Lieferanten stellt sich heraus, dass die bestellten Teekisten nicht mehr lieferbar sind. Nennen Sie zwei mögliche nachrangige Rechte, die die Teekontor Hein KG in Anspruch nehmen könnte.*

## Aufgabe 24

*Sie stellen bei der Überprüfung einer eingegangenen Warensendung unterschiedliche Mängel fest. In welchem Fall handelt es sich um einen versteckten Mangel?*

(1) Anstatt Schwarztee wurde grüner Tee geliefert.
(2) Teetassen werden in beschädigten Blisterverpackungen angeliefert.
(3) Die Umreifungsbänder für die Holzkisten sind statt 175 cm nur 65 cm lang.

(4) Bei einigen der bestellten Fachbücher zu Teesorten fehlen 2 Seiten.
(5) Anstatt 500 bestellter Teebeutel werden nur 480 geliefert.

**Situation zu den Aufgaben 25 bis 29:**

Die Teekontor Hein KG bestellt häufig zu einem festen Liefertermin (Fixkauf) oder für eine bestimmte Lieferzeitspanne (Terminkauf). Bei manchen Lieferanten wird aber ohne festgelegten Liefertermin bestellt. Sie werden beauftragt die Einhaltung von Lieferterminen zu überprüfen, damit der Ablauf der Warenannahme und die spätere Einlagerung besser geplant werden kann.

## Aufgabe 25

*Stellen Sie fest, unter welcher Voraussetzung der Lieferant in Lieferungsverzug gekommen ist.*

(1) Die rechtzeitige Lieferung wird durch höhere Gewalt verhindert.
(2) Im Zulieferbetrieb wird gestreikt, eine rechtzeitige Lieferung ist nicht möglich.
(3) Die rechtzeitige Lieferung kann wegen starken Schneefalles nicht erfolgen.
(4) Die Erzeugnisse sind wegen der Betriebsferien nicht lieferbar.
(5) Bei einem Fixkauf wird am festgelegten Tag, aber erst am späten Nachmittag (16 Uhr) geliefert.

## Aufgabe 26

*Beschreiben Sie, welche rechtliche Bedeutung eine Mahnung hat, wenn die Teekontor Hein KG mit dem Lieferanten „Lieferung im Winterquartal“ vereinbart hat und die Sendung 14 Tage nach der Bestellung noch nicht eingetroffen ist.*

## Aufgabe 27

*Für einen Saisonartikel besteht unerwartet große Nachfrage. Die erste Sendung wurde in kurzer Zeit restlos verkauft. Die Teekontor Hein KG bestellte eine weitere Sendung zur Lieferung „so schnell wie möglich“. Die zweite Lieferung erfolgte später als üblich. In der Zwischenzeit hätte die Teekontor Hein KG einen großen Teil der Ware absetzen und einen erheblichen Gewinn machen können. Welches Recht kann die Teekontor Hein KG gegenüber dem Lieferanten geltend machen?*

## Aufgabe 28

*Die Teekontor Hein KG hatte bei der Trend GmbH 20 Kisten Früchtemischung zur Lieferung in der 41. Kalenderwoche bestellt. Nachdem die Trend GmbH nicht rechtzeitig geliefert hat, hat die Teekontor Hein KG gemahnt. Jetzt mahnt sie erneut und setzt eine angemessene Frist. Gleichzeitig droht sie, die Annahme der Lieferung nach Ablauf der Frist zu verweigern. Nach erfolglosem Ablauf der Frist tritt sie vom Vertrag zurück, besorgt die Früchtemischung bei einem anderen Lieferanten und verlangt die Preisdifferenz von der Trend GmbH. Bezeichnen Sie das Recht, das die Teekontor Hein KG geltend gemacht hat.*

## Aufgabe 29

*Die Teekontor Hein KG bestellt aufgrund eines Angebots am 4. Dezember bei einer Büromöbelfabrik zehn Schreibtische zur Lieferung am 18. Dezember. Der Lieferant bestätigt diesen Termin. Am 23. Dezember ist noch keine Lieferung erfolgt. Beschreiben Sie die rechtliche Situation für die Teekontor Hein KG.*

---

**Situation zu den Aufgaben 30 bis 32:**

Sie bereiten die Warenannahme von Sendungen, die morgen eintreffen sollen, vor, um die anschließende Einlagerung zu erleichtern.

## Aufgabe 30

*Sie stellen Beutel und Verschlüsse für die Vorverpackung von losem Tee bereit. Erklären Sie, welche Auswirkungen diese Vorverpackung von Artikeln zu Verkaufseinheiten vor dem Einlagern hat.*

## Aufgabe 31

*Sie stellen Packtische für das Komplettieren von Sendungen auf. Stellen Sie fest, was man unter „Komplettierung“ versteht.*

(1) Das Auffüllen des Lagerfaches bis zum Höchstbestand.
(2) Die Ermittlung der Bestellmengen aufgrund der vorhandenen Lagerbestände.
(3) Das Zusammenfassen verschiedener Einzelteile zu einer Kombinationspackung.
(4) Das Aussondern und Verwerten minderwertig gewordener Teile.
(5) Die Bildung von Lager- und Verkaufseinheiten.

**Aufgabe 32**

*Um die für die Einlagerung passenden Regale mit der entsprechenden Feld- und Fachlast zu bestimmen und freizuräumen, berechnen Sie das Bruttogewicht für die folgende Gesamtsendung.*

*(**Hinweis:** Berechnen Sie zuerst das Nettogewicht und addieren Sie dann die Tara.)*

Die Teekontor Hein KG erwartet eine Lieferung von palettiertem losem Tee mit 85 Europaletten (Tara je Palette 20 kg) und 45 größeren Einwegpaletten (Tara je Palette 26 kg). Auf jede Europalette sind 12 Säcke gestaut, auf die Einwegpaletten jeweils 6 Säcke mehr. Der Sackinhalt Tee pro Sack wiegt 18,5 kg, jeder Sack hat ein Eigengewicht von 800 Gramm.

# 2. Lagerhaltung

### Situation zu den Aufgaben 33 bis 44:

Sie sind in die Abteilung Lagerbuchhaltung der Teekontor Hein KG gewechselt. Die Abteilungsleiterin übergibt Ihnen verschiedene Auszüge aus Lagerdateien zur Auswertung.

### Abbildung Lagerdatei zu den Aufgaben 33 bis 37:

**Artikel Nr. 22 34**
**Teesorte Golden Oolong**
**Lieferzeit 5 Tage**

**Meldebestand 100 kg**
**Mindestbestand 50 kg**
**Höchstbestand 800 kg**

| Datum | Eingang in kg | Ausgang in kg | Lagerbestand in kg |
|---|---|---|---|
| 1. Januar | | | 280 |
| 19. Januar | | 100 | 180 |
| 7. Februar | | 120 | 60 |
| 15. März | 800 | | 860 |
| 2. April | | 300 | 560 |

| Datum | Eingang in kg | Ausgang in kg | Lagerbestand in kg |
|---|---|---|---|
| 4. Mai | | 200 | 360 |
| 29. Mai | 500 | | 860 |
| 6. Juni | | 150 | 710 |
| 22. Juni | | 200 | 510 |
| 13. August | | 100 | 410 |
| 21. August | | 150 | 260 |
| 4. September | | 150 | 110 |
| 27. September | 400 | | 510 |
| 2. Oktober | | 250 | 260 |
| 17. Oktober | | 120 | 140 |
| 2. November | | 100 | 40 |
| 13. November | 400 | | 440 |
| 20. November | | 200 | 240 |
| 4. Dezember | | 180 | 60 |
| | | | |
| | | | |
| | | | |
| **260 Arbeitstage** | | | |

## Aufgabe 33

*Es stehen noch zwei weitere Eintragungen aus, die Sie vornehmen sollen:*

*9. Dezember* ***Eingang*** *500 kg*

*14. Dezember* ***Ausgang*** *250 kg*

*Nehmen Sie diese Eintragungen vor und errechnen Sie die Summe für den Ausgang. Wie viel kg beträgt der Bestand am Ende des Geschäftsjahres, wenn sich keine weiteren Warenbewegungen ergeben?*

## Aufgabe 34

*Berechnen Sie den geplanten durchschnittlichen Absatz je Arbeitstag, als am Anfang des Jahres der Meldebestand auf 100 kg festgesetzt wurde. (**Hinweis:** Meldebestand = Mindestbestand + Tagesabsatz x Lieferzeit)*

## Aufgabe 35

*Wie viel kg beträgt der tatsächliche durchschnittliche Absatz je Arbeitstag? Bitte runden Sie auf eine ganze Zahl auf. Sollte der Meldebestand verändert werden?*

## Aufgabe 36

*Ermitteln Sie in einem nachvollziehbaren Rechenweg den durchschnittlichen Lagerbestand für dieses Geschäftsjahr (**Hinweis:** 12 Monate, keinen Monat vergessen!). Runden Sie das Ergebnis auf ganze kg ab.*

## Aufgabe 37

*Errechnen Sie die Umschlagshäufigkeit für diese Teesorte. (Runden Sie auf eine Nachkommastelle.)*

## Aufgabe 38

*Aus einer Fachzeitschrift entnehmen Sie, dass die Umschlagshäufigkeit in der Branche durchschnittlich höher ist als die von Ihnen errechnete Umschlagshäufigkeit. Die Teekontor Hein KG möchte die Umschlagshäufigkeit erhöhen. Beschreiben Sie hierzu zwei wirksame Maßnahmen.*

## Aufgabe 39

*Die Lagerdatei des Artikels „Darjeeling" weist zum Jahresende folgende Zahlen in Kisten aus:*

| | |
|---|---|
| *Anfangsbestand* | *53 750* |
| *Summe der Monatsendbestände* | *735 012* |
| *Jahresabsatz* | *910 110* |

*Errechnen Sie die Umschlagshäufigkeit für diesen Artikel.*

## Aufgabe 40

*Die Umschlagshäufigkeit des Kamillentees beträgt 14,4. Errechnen Sie die Lagerdauer für diesen Artikel.*

## Aufgabe 41

*Für eine im Sommer neu eingeführte Früchteteesorte liegen folgende Daten vor:*

| | |
|---|---|
| ***Anfangsbestand*** | 200 |
| | **Endbestände in Stück** |
| Juli | 700 |
| August | 390 |
| September | 750 |
| Oktober | 500 |
| November | 320 |
| Dezember | 698 |

*Vergleichen Sie die durchschnittlichen Lagerbestände der beiden letzten Jahresquartale, indem Sie die Differenz zwischen beiden Quartalen bestimmen.*

## Aufgabe 42

*Bei einem Wassereinbruch in einem dezentralen Warenlager entsteht ein Warenschaden im Wert von 50.000,00 €. Das Warenlager ist mit 150.000,00 € gegen Wasserschäden versichert. Bei Eintritt des Schadens lagerten dort Waren im durchschnittlichen Wert von 250.000,00 €. Wie viel Euro des Schadens wird die Versicherung voraussichtlich ersetzen?*

## Aufgabe 43

*Im Lager der Teekontor Hein KG unterhält sich der Auszubildende Sönke mit der Lagerleiterin über die Planung der Bestandshöhe für einzelne Artikel. Welches der folgenden Argumente der Lagerleiterin trifft* nicht *zu?*

(1) „Dadurch, dass uns die Plön eG Trockenobst gerade so rechtzeitig liefert, dass wir die Ware sofort zum Mischen von Früchtetee verwenden können, sparen wir Lagerkosten."
(2) „Das macht uns allerdings abhängig von der Zuverlässigkeit der Plön eG."
(3) „Die prompte Belieferung in kleinen Mengen durch die Meyer KG immer dann, wenn wir sie nach Mitteilung benötigen, bringt mit sich, dass unser Einkauf keine Mengenrabatte bei der Meyer KG erzielen kann."
(4) „Wir sparen auch dadurch Lagerkosten, dass unser indischer Lieferant Dandekar Tee direkt an unseren Kunden Nielsen in Dänemark liefert."
(5) „Wenn der dänische Kunde dann mangelhaften indischen Tee an uns zurückschickt, kann es sein, dass der Höchstbestand an diesem Artikel überschritten wird."

## Aufgabe 44

*Ordnen Sie drei der fünf Aussagen* aus der vorhergehenden Aufgabe *den entsprechenden Vertragsbesonderheiten zu, die Lagerkosten sparen helfen.*

**Aussagen aus der Aufgabe 43**
(1) Aussage 1
(2) Aussage 2
(3) Aussage 3
(4) Aussage 4
(5) Aussage 5

**Vertragsbesonderheiten**

Kauf auf Abruf ☐

Just-in-time-Lieferung ☐

Streckengeschäft ☐

## Aufgabe 45

*Sie sollen die Entscheidung vorbereiten, ob bei einer neuen Teesorte die Lagerung im eigenen Lager oder zunächst mit Fremdlagerung bei einem Lagerhalter durchgeführt wird. Berechnen Sie, welche Art der Lagerhaltung bei Ausnutzung von 420 Quadratmeter um wie viel Euro kostengünstiger ist.*

*Folgende Kalkulationswerte stehen Ihnen zur Verfügung:*

| ixe Kosten der Eigenlagerung: | Variable Kosten der Eigenlagerung: |
|---|---|
| 0.000,00 € Miete im Monat | 13,00 € Verbrauchskosten je m² |
| 9.800,00 € Personalkosten im Monat | 7,00 € andere variable Lagerkosten je m² |
| 200,00 € Versicherung im Monat | |
| **osten der Fremdlagerung:** | |
| 0,00 € je m² | |

**Situation zu den Aufgaben 46 bis 50:**

Die Teekontor Hein KG erhält 20 Tonnen losen Tee aus dem Herkunftsland Indien, verpackt in 200 Säcken, den sie vorübergehend für einen Monat bei der Hamburger Lagerhausgesellschaft AG einlagert.

## Aufgabe 46

*Zur besseren Ausnutzung der Lagerräume und zur Vereinfachung der Lagerpflege möchte die Lagerhausgesellschaft den Tee aus den Säcken entnehmen und mit gleichwertigem Tee anderer Eigentümer vermischen. Prüfen Sie, ob das der Lagerhausgesellschaft erlaubt ist.*

## Aufgabe 47

*Wie vereinbart wird der Tee einmal je Woche umgelagert. Der Lagerhalter prüft außerdem regelmäßig die Beschaffenheit des Tees und stellt dabei fest, dass ein kleiner Teil der Ware durch Feuchtigkeit klumpig geworden ist. Was hat er sofort zu tun?*

### Aufgabe 48

*Die Teekontor Hein KG verkauft den gesamten Tee an die Sporthotelkette Prerovska in Prag, die ihn selbst im Hamburger Hafen abholen will. Bei der Lagerhausgesellschaft legt ein Vertreter der Sporthotelkette den Kaufvertrag vor und verlangt die Herausgabe der Ware. Kann er darauf bestehen? Wer ist Eigentümer, wer ist Besitzer der Ware?*

### Aufgabe 49

*Die Teekontor Hein KG überträgt per Indossament den Lagerschein an die Sporthotelkette Prerovska, die den Tee abholen möchte, die Lagerkosten aber erst später zahlen will. Muss die Lagerhausgesellschaft den Tee herausgeben?*

### Aufgabe 50

*Der Verkaufspreis je kg Tee war mit 4,00 € je kg kalkuliert. Der Tee wurde einmal je Woche umgelagert (Kosten je Umschlag 25,00 €). Es wurde eine zusätzliche Versicherung abgeschlossen, die von der Lagerhausgesellschaft bezahlt wurde (Kosten 450,00 €). Das Lagergeld beträgt lt. Lagerschein 32,00 € je Tonne je Monat. Berechnen Sie, wie viele Säcke Tee die Lagerhausgesellschaft als Pfand zurückbehalten kann.*

---

**Situation zu den Aufgaben 51 bis 56:**

Sie besprechen die Lagerorganisation Ihres Ausbildungsbetriebes mit der Lagerleiterin zur Vorbereitung auf Ihre schriftliche Abschlussprüfung.

### Aufgabe 51

*Die Teekontor Hein KG hat ihr zentrales Lager in Hamburg und zusätzlich drei dezentrale Läger in Dresden, Frankfurt am Main und München. Beschreiben Sie je einen Vor- und einen Nachteil dieser dezentralen Lagerhaltung gegenüber der reinen zentralen Lagerhaltung.*

## Aufgabe 52

*Die Teekontor Hein KG organisiert ihr Kernsortiment mit reinen Teesorten in „chaotischer" Lagerhaltung. Erläutern Sie, welche Voraussetzung erfüllt sein muss, damit diese chaotische Lagerordnung wirtschaftlich erfolgen kann.*

## Aufgabe 53

*Sie arbeiten im Zentrallager in Hamburg. Hier sollen unnötige Wege- und Wartezeiten kurzfristig reduziert werden. Welche Maßnahme können Sie treffen?*

(1) Das Warensortiment wird auf die Umsatzträger beschränkt.
(2) Das Warensortiment wird nach der Umschlagshäufigkeit eingelagert.
(3) Das Warensortiment wird in einem Kommissionslager eingelagert.
(4) Das Warensortiment wird auf die zwei dezentralen Lager verteilt.
(5) Alle Artikel mit geringer Umschlagshäufigkeit werden aus dem Warensortiment gestrichen.

## Aufgabe 54

*Die Mischbestandteile für die Teemischungen werden im Festplatzsystem neben dem Raum für die Mischvorgänge gelagert. Beschreiben Sie, welche Aufgabe der im Lagerraum ausgehangte Lagerplan hat.*

## Aufgabe 55

*Entscheiden Sie, welche der folgenden Aussagen der Lagerleiterin richtig oder falsch sind:*

(1) Ein Lager, bei dem ein Lieferant der Teekontor Hein KG auf eigene Kosten seine Ware zum Weiterverkauf zur Verfügung stellt und die Teekontor Hein KG ein Rückgaberecht hat, nennt man Kommissionslager.
(2) Ein Lager, aus dem sich Mitarbeitende bei der Vorverpackung direkt am Packtisch Teile entnehmen, nennt man Handlager.
(3) Die kleinen Lagerflächen zwischen den einzelnen Mischvorgängen nennt man Werkstatt- oder Zwischenlager.
(4) Das Festplatzlager für die Mischbestandteile der Teemischungen nennt man Betriebsstofflager.

(5) Die Teekontor Hein KG führt ausschließlich Waren, denen Witterungseinflüsse schaden, und hat deshalb auch kein offenes Lager.

## Aufgabe 56

*Die Teekannen und anderes Teegeschirr werden in einem separaten Raum als Blocklagerung aufbewahrt. Die Teesorten und Mischbestandteile werden ausnahmslos in Reihen gelagert. Beschreiben Sie zwei Gründe für diese unterschiedliche Lagerung bezogen auf die Produkte.*

## Aufgabe 57

*Welches Stapeln von Paletten ist nach den Sicherheitsvorschriften für die Bodenlagerung zulässig?*

(1) Europaletten dürfen 5-fach übereinander mit je 1 000 kg Nutzlast gestapelt werden.
(2) Jede Europalette darf bei Lagerung und Transport mit dem Vierfachen von 1 000 kg belastet werden.
(3) Alle Palettenstapel müssen einmal jährlich von einem Sachverständigen geprüft werden.
(4) Gitterboxpaletten mit je 1 000 kg Nutzlast dürfen insgesamt in einer Höhe von 5 Stück übereinandergestapelt werden.
(5) Gitterboxpaletten mit je 1 000 kg Nutzlast dürfen ausschließlich in Einschubregalen gestapelt werden.

## Aufgabe 58

*Sie stapeln Holzkisten mit den Maßen 40 cm Länge, 30 cm Breite und 40 cm Höhe. Berechnen Sie, wie viele Kisten Sie nach den Sicherheitsvorschriften für die Bodenlagerung übereinanderstapeln dürfen und wie viele cm dann die Neigung des Stapels maximal vom Lot abweichen darf.*

## Aufgabe 59

*Bezeichnen Sie jeweils eine für folgende Güter passende Regalart:*

(1) Kleinteile mit geringer Umschlagshäufigkeit in Kisten
(2) palettierte Schachteln mit Verpackungsmaterial
(3) palettierte Säcke mit leicht verderblichem Trockenobst
(4) Stahlprofile (1m lang) für Seekisten
(5) Kleinteile mit hoher Umschlagshäufigkeit in Kästchen

## Situation zu den Aufgaben 60 bis 64:

Sie sollen 240 Kisten mit den Maßen 40 cm Länge und 30 cm Breite in Fachbodenregale einlagern. Die Höhe zwischen den Fachböden ist ausreichend für die Kisten. Jede Kiste wiegt 24 kg. Ein Regalfeld hat laut angebrachtem Typenschild eine Feldlast von 1 200 kg und eine Fachlast von 200 kg. Ein Regalfeld ist 4 m lang (nutzbares Innenmaß) und hat 0,35 m tiefe Fachböden.

### Aufgabe 60

*Bei ortsfesten Regalen mit einer Fachlast von mehr als 200 kg und einer Feldlast von mehr als 1 000 kg sowie an verfahrbaren Regalen und Schränken müssen Typenschilder angebracht werden. Nennen Sie eine Regalart, bei der aufgrund der Bauweise zwingend ein Typenschild angebracht werden muss.*

### Aufgabe 61

*Berechnen Sie die Anzahl der Kisten, die in ein Regalfeld eingelagert werden können.*

### Aufgabe 62

*Berechnen Sie die Anzahl der Regalfelder, die für alle Kisten benötigt werden.*

### Aufgabe 63

*Berechnen Sie, wie viel m² Gesamtstellfläche (mit einer Nachkommastelle) für die Fachbodenregale gebraucht werden, wenn für die Gänge noch 80 % der reinen Regalstellfläche zusätzlich anzunehmen ist.*

### Aufgabe 64

*Berechnen Sie Flächenersparnis in Prozent (auf eine ganze Zahl gerundet), wenn von Fachbodenregalen auf Verschieberegale mit gleichen Maßen und mit einer einzigen Gangöffnung von 80 cm Breite zwischen den 4 m Länge umgestellt wird.*

# 3. Kommissionierung

## Situation zu den Aufgaben 65 bis 70:

Sie sind im Lager der Teekontor Hein KG zur Kommissionierung eingesetzt. Aus dem abgebildeten Regal sollen Sie drei Kisten mit jeweils vier Beuteln (Inhalt grüner Tee) entnehmen.

### Aufgabe 65

*Erklären Sie, wie die dynamische Bereitstellung der Ware im abgebildeten Regal erfolgt.*

### Aufgabe 66

*Beschreiben Sie einen Vorteil des abgebildeten Regals bei Gütern mit MHD wie dem grünen Tee.*

### Aufgabe 67

*Führen Sie zwei nicht automatische Regale auf, die die Ware statisch bereitstellen.*

### Aufgabe 68

*Der grüne Tee wird mit folgendem Pickzettel kommissioniert (Auszug):*

| Artikelnummer | Menge | Einheit | Kommissioniert |
|---|---|---|---|
| 407311645946 | 12 | Stück | |

*Es kommt immer wieder vor, dass das Vierfache der bestellten Menge grünen Tees kommissioniert wird. Erklären Sie die Ursache für diesen Kommissionierfehler und machen Sie einen Verbesserungsvorschlag für die Entnahmeeinheit auf dem Pickzettel.*

**Aufgabe 69**

*Führen Sie zwei Kosten auf, die durch diesen Kommissionierfehler entstehen können.*

**Aufgabe 70**

*Beschreiben Sie Ihre Vorgehensweise im Umgang mit einem Paternosterregal (dynamische Bereitstellung) mit eingelagerten Kleinteilen in 5 Schritten. Beginnen Sie mit „1. Zum Paternosterregal gehen“ und enden Sie mit „5. Artikel entnehmen“.*

---

**Situation zu den Aufgaben 71 bis 75:**

Bei der Teekontor Hein KG führt bisher im Lager für die Mischbestandteile der Kommissionierer einen Kundenauftrag allein aus und durchläuft alle Lagerzonen, bis er alle Artikel entnommen hat. In Zukunft soll auf die auftragsorientierte parallele Kommissionierung umgestellt werden.

**Aufgabe 71**

*Bezeichnen Sie die Kommissioniertechnik, die bisher verwendet wurde.*

**Aufgabe 72**

*Beschreiben Sie den größten Vorteil, den sich die Teekontor Hein KG von der Umstellung verspricht.*

## Aufgabe 73

*In einem Probedurchlauf beginnen Sie mit zwei Kolleginnen und Kollegen um 7:00 Uhr morgens mit der parallelen Kommissionierung für einen Kunden in drei Lagerzonen:*

| Lagerzone | Zeit je Position in Sekunden | Anzahl Positionen |
|---|---|---|
| 1 | 10 | 20 |
| 2 | 30 | 50 |
| 3 | 20 | 45 |

*Bestimmen Sie die Uhrzeit, zu der der Kundenauftrag frühestens abgearbeitet ist.*

## Aufgabe 74

*Die Teekontor Hein KG entschließt sich zur Einrichtung von vier Lagerzonen. Zur Kontrolle werden die Summen der Arbeitszeiten je Lagerzone festgestellt und ausgewertet. Ergänzen Sie die folgende Tabelle um die fehlenden Felder.*

| Arbeitszeit in Minuten | | | | | | |
|---|---|---|---|---|---|---|
| Zone | 1 | 2 | 3 | 4 | Auftragsorientiert seriell | Auftragsorientiert parallel |
| Auftrag 1 | 4 | 6 | 5 | 10 | | |
| Auftrag 2 | 15 | 10 | 6 | 0 | | |
| Auftrag 3 | 2 | 0 | 10 | 2 | | |
| Zeitsumme | 21 | 16 | 21 | 12 | | |

## Aufgabe 75

*Erläutern Sie zwei Gründe für die Zeitersparnis des Auftragsdurchlaufs durch die Umstellung.*

## Situation zu den Aufgaben 76 bis 80:

Im Palettenlager für die reinen Teesorten wird serienorientiert in zwei Schichten und drei Lagerzonen kommissioniert. Die erste Schicht beginnt um 7:00 Uhr. Bei Erreichen von 30 Paletten je Lagerzone wird die Serie freigegeben.

### Aufgabe 76

| | LZ 1 | LZ 2 | LZ 3 |
|---|---|---|---|
| Freigabe Serie | 7:10 Uhr | 7:07 Uhr | 7:12 Uhr |
| Abschluss Stufe 1 | 13:40 Uhr | 12:27 Uhr | 13:05 Uhr |
| Stufe 2 | 20 Minuten | | |

*Bestimmen Sie die Zeit, die ein um 7:00 Uhr eingegangener Kundenauftrag bis zur Fertigstellung der Kommissionierung benötigt.*

### Aufgabe 77

*Erläutern Sie, was in den 20 Minuten der aufgeführten „Stufe 2" geschieht.*

### Aufgabe 78

*Erläutern Sie einen Grund, warum diese 2. Stufe fehleranfälliger ist als die auftragsorientierte Kommissionierung.*

### Aufgabe 79

*Ein Kundenauftrag für Paletten kann auch in diesem Lager als „Expressauftrag" gegen Entgelt auftragsorientiert kommissioniert werden. Erklären Sie einen Grund, warum diese Technik für einen einzelnen Auftrag schneller geht.*

### Aufgabe 80

*Beschreiben Sie die Situation, in der die angewandte serienorientierte Kommissionierung sinnvoll ist.*

## Situation zu den Aufgaben 81 bis 86:

Sie führen die Kommissionierung von 100 Kisten „Geschenkset Teetraumzeit“ durch. Für jede Kiste werden neben anderen Bestandteilen 60 Teebeutel benötigt. Eine Kiste ist ein Packstück. Es wird auftragsorientiert parallel kommissioniert.

### Aufgabe 81

*Die benötigten Teebeutel werden aus einem Kommissionierautomaten entnommen, direkt in einen Leinenbeutel verpackt und zur zentralen Abgabe transportiert. Geben Sie die Bezeichnung für dieses Verfahren an.*

### Aufgabe 82

*Es wird beleglos kommissioniert. Erläutern Sie zwei Vorteile der beleglosen Kommissionierung gegenüber der mit Belegen.*

### Aufgabe 83

*Die Teelöffel werden durch „Pick by light“ kommissioniert. Beschreiben Sie die Vorgehensweise bei dieser Methode.*

### Aufgabe 84

*Für den Kommissionier- und Verpackungsbereich sind folgende Angaben bekannt:*

| | |
|---|---|
| Basiszeit | 6 Minuten |
| Wegzeit je Position | 4 Minuten |
| Greifzeit bei Schachtelentnahme pro Position | 2 Minuten |
| Greifzeit bei Einzelentnahme pro 10 Stück | 1 Minute |
| Leistung Kommissionierautomat je Stunde | 20 000 Stück |
| Verpackung pro Packstück | 6 Minuten |

*Berechnen Sie die Bereitstellungszeit für die benötigten Teebeutel aus dem Kommissionierautomaten in Minuten.*

## Aufgabe 85

*Berechnen Sie durch Ausfüllen der untenstehenden Tabelle die gesamte Greifzeit in Lagerzone A in Minuten.*

| Kommissionierauftrag Lagerzone A | | | | |
|---|---|---|---|---|
| Position | Artikel | Entnahmemenge in Stück | Bereitstellung im Lager | Greifzeit |
| 1 | Teelöffel | 200 | Schachtel 100 Stück | |
| 2 | Kandisbeutel | 600 | Schachtel 150 Stück | |
| 3 | Teesäckchen | 400 | Schachtel 300 Stück und Einzelentnahme | |
| Summe der Greifzeit in Lagerzone A: | | | | |

## Aufgabe 86

*Im Verpackungsbereich stehen zwei Packtische für die Komplettierung der Geschenksets bereit. Berechnen Sie die Durchlaufzeit für den gesamten Auftrag in Stunden und Minuten.*

## Aufgabe 87

*Das Total-Quality-Management sieht vor, kommissionierte Kundenaufträge besser zu prüfen. Berechnen Sie die Fehlerquote in Prozent des abgebildeten Kommissionierauftrags, wenn vier Zählfehler und zwei Greiffehler festgestellt werden.*

*<u>Kommissionierauftrag Kunde Petzold:</u>*

*202 Positionen Saisonartikel*
*264 Positionen Zubehörteile*
*334 Positionen Kleinteile*

## Aufgabe 88

*Vervollständigen Sie die folgende Tabelle:*

| Sachverhalte | Maßnahmen zur Verringerung der Kommissionierzeit | Verkürzung welcher Kommissionierzeit? |
|---|---|---|
| Schlecht lesbare Kommissonierbelege | Bessere Lesbarkeit<br>Belegloses Kommissionieren | Sachliche Verteilzeit<br>Basiszeit |
| Teilmengenentnahme (Anbruch bilden) | | |
| Saisonware wird im Festplatzsystem gelagert | | |

## Aufgabe 89

*Sie kommissionieren Artikel, die durchschnittlich 6 Monate haltbar sind. Der Lagerleiter erklärt Ihnen, dass Artikel mit einem ausgewiesenen MHD spätestens 60 Tage vor dessen Ablauf auszulagern sind. Erklären Sie 2 Gründe, weshalb die Auslagerung 60 Tage vor Ablauf des MHD stattfinden soll.*

## Aufgabe 90

*Sie entnehmen von einem Artikel wie im Kommissionierauftrag vorgeschrieben 200 Stück, verbuchen aber versehentlich eine Entnahme von 2 000 Stück. Welche Bestandsdifferenz ergibt sich daraus bei der nächsten Inventur?*

(1) Der Istbestand ist um 1 800 Stück höher als der Sollbestand.
(2) Der Istbestand ist um 1 800 Stück niedriger als der Sollbestand.
(3) Der Sollbestand ist um 1 800 Stück höher als der Istbestand.
(4) Der Sollbestand ist um 200 Stück höher als der Istbestand.
(5) Der Sollbestand ist um 200 Stück niedriger als der Istbestand.

## Aufgabe 91

*Sie bearbeiten einen Kommissionierauftrag und stellen beim Zusammenstellen der Warensendung fest, dass ein Artikel nicht vorrätig ist. Welche Maßnahme ergreifen Sie?*

(1) Sie streichen die fehlende Lieferscheinposition und stellen die Warensendung ohne Fehlteilehinweis dem Kunden zu.
(2) Sie holen die Genehmigung für eine Entnahme aus dem Mindestbestand ein.
(3) Sie halten in solchen Fällen stets die gesamte Lieferung zurück, bis der Einkauf den fehlenden Artikel beschafft hat.
(4) Sie setzen die Liefermenge bei diesem Artikel auf null und verständigen Ihren Vorgesetzten.
(5) Sie ermitteln in solchen Fällen stets einen geeigneten Ersatzartikel und liefern diesen anstelle des fehlenden Artikels.

## Aufgabe 92

*Sie entnehmen von Teil A laut Kommissionierauftrag 200 Stück, verbuchen jedoch die Entnahme versehentlich bei Teil B. Welche Bestandsdifferenzen ergeben sich bei der nächsten Inventur?*

(1) Bei beiden Teilen ist der Istbestand größer als der Sollbestand.
(2) Bei beiden Teilen ist der Istbestand kleiner als der Sollbestand.
(3) Bei beiden Teilen gleichen sich die Bestandsdifferenzen bei der Bestandsaufnahme automatisch aus.
(4) Bei Teil A ist der Istbestand größer, bei Teil B kleiner als der Sollbestand.
(5) Bei Teil A ist der Istbestand kleiner, bei Teil B größer als der Sollbestand.

### Situation zu den Aufgaben 93 bis 96:

Sie werden beauftragt, die Bestands- und Warenwerte von drei Artikeln nach den Entnahmekriterien Fifo, Lifo und Hifo für dieses Quartal zu analysieren. Sie verfügen über folgende Informationen zu den Mengen je Einkaufseinheit und den Preisen der Einkäufe:

| | Safranfäden | | Grüner Tee | | Holzkisten | |
|---|---|---|---|---|---|---|
| Datum | Menge | Je € | Menge | Je € | Menge | Je € |
| 12.01. | | | 500 | 0,40 | 400 | 1,50 |
| 01. 2. | | | 1 000 | 0,65 | 100 | 1,40 |
| 17.02. | | | 700 | 0,60 | 800 | 1,60 |

| | Safranfäden | | Grüner Tee | | Holzkisten | |
|---|---|---|---|---|---|---|
| Datum | Menge | Je € | Menge | Je € | Menge | Je € |
| 01.03. | 50 | 8,00 | | | | |
| 06.03. | 40 | 9,00 | | | 200 | 2,50 |
| 14.03. | 20 | 12,00 | | | 300 | 2,30 |
| 20.03. | 10 | 7,00 | 200 | 0,70 | | |
| 28.03. | | | 400 | 0,50 | | |
| Endbestand | 70 | | 200 | | 700 | |

## Aufgabe 93

*Das Produkt „Grüner Tee" mit MHD wird im Fifo-Verfahren ausgelagert. Erläutern Sie einen Grund für die Anwendung von Fifo bei dieser Ware und ermitteln Sie den Wert des Endestands Ende März.*

## Aufgabe 94

*Das Produkt „Holzkisten" zur Verpackungsverwendung wird im Lifo-Verfahren ausgelagert. Erläutern Sie einen Grund für die Anwendung von Lifo bei dieser Ware und ermitteln Sie den Wert des Endestands Ende März.*

## Aufgabe 95

*Das Produkt „Safranfäden" wird im Hifo-Verfahren ausgelagert. Erläutern Sie einen Grund für die Anwendung von Hifo bei dieser Ware und ermitteln Sie den Wert des Endestands Ende März.*

## Aufgabe 96

*Das Bruttogewicht einer Ware beträgt einschließlich Verpackung 74,2 kg. Wie viel kg wiegt die Verpackung, wenn für die Tara 6 % des Nettogewichts gerechnet werden?*

# 4. Verpackung

## Situation zu den Aufgaben 97 bis 105:

Sie verpacken für die Teekontor Hein KG eine Holzkiste mit dem Inhalt von 35 kg Tee. Der Tee ist in Papierbeutel je 500 Gramm abgefüllt. Die Maße der Holzkiste entnehmen Sie der Abbildung.

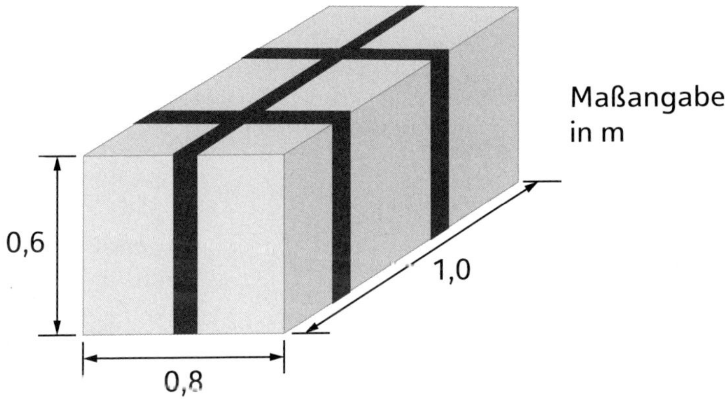


### Aufgabe 97

*Schreiben Sie jeweils die richtige Bezeichnung aus dem Verpackungsbereich zu den Bestandteilen der Sendung.*

| Bestandteil | Bezeichnung |
|---|---|
| Papierbeutel | |
| Holz als Material der Kiste | |
| Holzkiste alleine | |
| Stahlbandumreifung | |
| die versandfertige Kiste mit Inhalt | |

## Aufgabe 98

*Wie viele Papierbeutel mit Tee befinden sich in der Kiste?*

## Aufgabe 99

*Wie viel Meter Stahlband (ohne Überlappung an den Verschlussbändern) sind für die Umreifung der Kiste notwendig?*

## Aufgabe 100

*Auf den abgefüllten Teebeuteln ist das Logo der Teekontor Hein KG und die Bezeichnung des Tees und seiner Herkunft aufgedruckt; außerdem ist für den Verkauf an den Endverbraucher bereits der GTIN-Code angebracht. Benennen Sie, welche Aufgabe der Verpackung damit wahrgenommen wird.*

## Aufgabe 101

*Die Holzkiste schützt den Tee vor mechanischer Beanspruchung. Geben Sie an, wann die Ware mechanisch belastet wird.*

(1) Wenn sich Schwitz- und Kondenswasser bildet.
(2) Wenn die Ware gestohlen wird.
(3) Wenn die Ware Witterungseinflüssen ausgesetzt ist.
(4) Wenn die Ware Druckschäden beim Transport erleidet.
(5) Wenn die Verpackung durch Feuchtigkeit Schimmel ansetzt.

## Aufgabe 102

*Erläutern Sie eine Möglichkeit, wie die Bildung von Schwitzwasser im Innern der Holzkiste vermieden werden kann.*

## Aufgabe 103

*Ordnen Sie zu, indem Sie die Kennziffern von drei der insgesamt sechs Schäden an Transportgütern in die Kästchen bei den Verpackungen, die vor diesen Schäden schützen sollen, eintragen.*

**Schäden am Transportgut**
(1) durch Druck und Stoß
(2) durch Schadinsekten
(3) durch Kälte oder Hitze
(4) durch Diebstahl
(5) durch Lichtstrahlen
(6) durch Nässe

**Verpackungen**

Schaumfolie und Holzkisten ☐

Isoliereinsätze und Kartons ☐

schwarze Kunststofffolie und dreiteilige Schachteln ☐

## Aufgabe 104

*Ergänzen Sie in der untenstehenden Tabelle zu jedem der drei Verpackungssymbole auf der Holzkiste die deutsche und die englische Bedeutung.*

| | |
|---|---|
|  | |
| | |
|  | |
| | |
|  | |
| | |

## Aufgabe 105

*Führen Sie anhand der Eigenschaften von Wellpappe zwei Gründe auf, warum sich Wellpappeschachteln ebenso als Transportverpackung eignen könnten.*

## Aufgabe 106

*Sie bereiten für Stammkunden Präsentkörbe als Dankeschön vor. Je zwei Präsentkörbe sollen in Versandschachteln verpackt werden. Inhalt der Präsentkörbe:*

*3 Weinflaschen je 1,2 kg*

*1 Salami 1150 Gramm*

*2 Gebäckpackungen je 250 Gramm*

*1 Packung Schokokugeln 400 Gramm*

*Ein Präsentkorb selbst wiegt 400 Gramm und die Versandschachtel mit Packhilfsmitteln 1,8 kg.*

*Berechnen Sie das Bruttogewicht einer Versandschachtel.*

---

**Situation zu den Aufgaben 107 bis 108:**

*Die Teekontor Hein KG nutzt für den Versand an Teefachgeschäfte in Hamburg Mehrwegverpackungsschachteln, die bei Rückgabe leer zusammengefaltet werden können. Im Durchschnitt rechnet man mit 20 Versandzyklen je Schachtel. Im Einkauf kostet eine Schachtel 1,00 €.*

*Es soll nun eine neue Schachtel aus Holzfasern genutzt werden, die 30 Versandzyklen hält und auch zusammenfaltbar ist. Die neue Schachtel kostet im Bezug 1,20€.*

**Aufgabe 107**

*Errechnen Sie den Kostenvorteil der günstigeren Alternativschachtel für die Belieferung der Kundinnen und Kunden im Hamburger Gebiet, die monatlich insgesamt 300 mal beliefert werden.*

**Aufgabe 108**

*Der Verpackungsmittellieferant bietet auch eine nicht faltbare Mehrwegversandschachtel aus recyceltem PET an, die 100 Versandzyklen halten soll und 4,00 € je Stück kostet. Die Einkaufsabteilung lehnt die Anschaffung dieser Schachteln ab.*

*Erläutern Sie 2 Gründe für diese Ablehnung.*

**Aufgabe 109**

*Nennen Sie zwei Packhilfsmittel aus nachwachsenden Rohstoffen.*

---

**Situation zu den Aufgaben 110 bis 114:**

Die Teekontor Hein KG verwendet häufig genormte Transportmittel wie Europaletten, Gitterboxen und im internationalen Verkehr verschiedene Containerarten.

## Aufgabe 110

*Ordnen Sie zu, indem Sie die Kennziffern von vier der insgesamt sieben Merkmale in die Kästchen bei den Transporthilfsmitteln eintragen.*

**Merkmale**

(1) Klötze und Bretter aus Holz
(2) Maßangaben in Fuß
(3) rollbar
(4) Nutzlast 150 kg
(5) zusammenlegbar
(6) Rauminhalt 450 Quadratdezimeter
(7) Seitenteile aus Metallgitter

**Transporthilfsmittel**

| | |
|---|---|
| Collico | ☐ |
| ISO-Container | ☐ |
| Euroflachpalette | ☐ |
| Gitterboxpalette | ☐ |

## Aufgabe 111

*Ein indischer Teegarten bietet die Lieferung von Assamtee von Übersee statt in Säcken oder Kisten dieses Mal in einem für Schüttgüter wie Tee geschlossenen Container an. Bezeichnen Sie den angebotenen Container.*

## Aufgabe 112

*Geben Sie an, welcher Vorteil für den Containerverkehr* ***nicht*** *zutrifft:*

(1) Wegfall von Transportversicherungsprämien
(2) Zeitersparnis beim Laden und Löschen der Sendung
(3) Einsparung einer seemäßigen Verpackung
(4) Frachtersparnis bei der Seefracht
(5) Einsparen von Umschlagskosten in den Seehäfen

### Aufgabe 113

*Erläutern Sie die Bedeutung des Aufdrucks „EPAL“ auf Europaletten.*

### Aufgabe 114

*Erklären Sie, für welche Art von Packstücken sich die Verwendung von Eurogitterboxpaletten besonders eignet.*

---

## Situation zu den Aufgaben 115 bis 118:

Sie sollen 220 Tortenteller mit Seidenpapier umwickelt zu jeweils zwei Stück in Schachteln verpacken und die Schachteln in Eurogitterboxen verstauen.

### Aufgabe 115

*Berechnen Sie die Anzahl der benötigten Schachteln.*

### Aufgabe 116

*Eine Schachtel kostet im Einkauf 1,39 €. Ab der Bestellung von 100 Schachteln wird ein Mengenrabatt von 5 % gewährt. Berechnen Sie den Einstandspreis für die benötigten Schachteln.*

### Aufgabe 117

*Die Gitterboxpaletten haben die Innenmaße von 120 cm x 80 cm x 80 cm (Länge x Breite x Höhe). Die Schachteln haben die Maße von 41 cm x 41 cm x 15 cm und können sowohl liegend als auch stehend und übereinander in die Gitterbox gestellt werden. Berechnen Sie mit einem nachvollziehbaren Rechenweg, wie viele Schachteln maximal in eine Gitterboxpalette passen.*

### Aufgabe 118

*Bestimmen Sie die Anzahl der für die Sendung benötigten Gitterboxpaletten.*

---

## Situation zu den Aufgaben 119 bis 128:

Sie sollen im Warenausgang Gefahrgüter verpacken und für den Transport vorbereiten. Es liegen Ihnen u.a. folgende Auszüge aus Übersichten vor:

| Übersicht über die Packmittelbezeichnungen bei Gefahrgut | |
|---|---|
| **Verpackungsart** | **Werkstoff** |
| 1 Fass | A Stahl |
| 2 Holzfass | B Aluminium |
| 3 Kanister | C Naturholz |
| 4 Kiste, Schachtel | D Sperrholz |
| 5 Sack | G Pappe |
| 6 Kombinationsverpackung | H Kunststoff |
| 13 Großpackmittel (IBC) flexibel | L Textilgewebe |
| 50 starre Großverpackung | M Papier (mehrlagig) |
| usw. | N Metall (außer Stahl und Alu) |
| | P Glas, Porzellan, Steinzeug usw. |

| Transport gefährlicher Güter<br>Kleinmengenregelung nach GGVSEB/ADR | | |
|---|---|---|
| **UN-Nr.** | **Bezeichnung** | **Faktor** |
| 1072 | Sauerstoff verdichtet | 1 |
| 1965 | Propangas/Kohlenwasserstoffgas | 3 |
| 1133 | Klebstoff | 3 |
| 1202 | Dieselkraftstoff | 1 |
| 1263 | Farbe verdünnt | 1 |
| 1263 | Farbe unverdünnt | 3 |

| UN-Nr. | Bezeichnung | Faktor |
|---|---|---|
| 1308 | Holzschutzmittel | 2 |
| 1866 | Harzlösung | 3 |
| 2902 | Pestizid flüssig | 1 |

## Aufgabe 119

*Geben Sie an, wie sich Gefahrstoff von Gefahrgut unterscheidet:*

(1) Gefahrstoffe sind gefährlicher als Gefahrgut.
(2) Gefahrgüter sind zu kennzeichnen, Gefahrstoffe nicht.
(3) Die Klasseneinteilung bei Gefahrstoffen und Gefahrgütern ist völlig unterschiedlich.
(4) Gefahrgüter sind auf dem Transport befindliche Gefahrstoffe.
(5) Gefahrstoffe sind auf dem Transport befindliche Gefahrgüter.

## Aufgabe 120

*Sie verpacken drei Naturholzkisten von je 30 kg festem Gefahrgut mit den folgenden Aufschriften:*

*Gross Weight 30 kg*
***Kiste 1:*** *UN/ 4C /Z 30 /S /21 /D /BAM 234 / HAKAHA*
***Kiste 2:*** *UN/ 3H /Z 30 /S /21 /D /BAM 234 / HAKAHA*
***Kiste 3:*** *UN/ 4C /Z 30 /L /21 /D /BAM 234 / HAKAHA*

*Erläutern Sie den Fehler bei der Aufschrift der zweiten Kiste.*

## Aufgabe 121

*Erläutern Sie den Fehler bei der Aufschrift der dritten Kiste.*

## Aufgabe 122

*Bestimmen Sie, welches Gefahrgutgesetz für den* ***internationalen*** *Transport auf der Schiene zutreffend ist.*

(1) IATA
(2) ADR
(3) GGVSEB
(4) ADNR
(5) RID

## Aufgabe 123

*An der Rampe soll morgen Fahrer Askin Öztürk von der Spedition ABY-Logistik eintreffen und folgende drei Gefahrgüter mitnehmen (Sie haben bereits geprüft, dass alle drei Sendungen zusammen verladen werden dürfen):*

| Menge | Bezeichnung | UN-Nummer |
|---|---|---|
| 20 Kartuschen (10 l je Kartusche) | Propangas | 1965 |
| 50 kg (5 Kanister je 10 kg) | Harzlösung | 1866 |
| 100 Dosen (je 1 l) | Unverdünnte Farbe | 1263 |

*Sie sollen prüfen, ob jeweils die Voraussetzungen für eine „Beförderung gefährlicher Güter in begrenzten Mengen nach ADR" (1000er-Regel) erfüllt werden. Bezeichnen Sie jeweils den zur Berechnung der Indexsumme erforderlichen Faktor. (Entnehmen Sie diesen der oben abgebildeten Tabelle.)*

## Aufgabe 124

*Berechnen Sie jeweils die Indexsumme (Menge x Faktor) und entscheiden Sie anhand der Gesamtsumme, ob ein Kleinmengentransport möglich ist.*

## Aufgabe 125

*Sie entscheiden, die Harzlösung erst mit dem nächsten Gefahrguttransport zu versenden, da der Kunde die Ware nicht dringend benötigt. Erläutern Sie zwei positive Folgen, die sich aus Ihrer Entscheidung für den restlichen morgigen Transport ergeben.*

## Aufgabe 126

*Bringen Sie die Schritte beim Versenden von Gefahrgut in die richtige Reihenfolge, indem Sie die Nummern von 1 bis 6 in die Kästchen eintragen.*

Spediteur über Gefahrgut unterrichten ☐

Gefahrgut verpacken und kennzeichnen ☐

Klassifizieren des Gefahrguts ☐

Beförderungspapier erstellen ☐

Dem Verkehrsträger entsprechende Gefahrgutvorschrift festlegen ☐

Zusammenladeverbote beachten und verladen ☐

**Aufgabe 127**

*Sie sollen Gefahrgut mit mittlerer Gefährlichkeit der Verpackungsgruppe II verpacken. Eine passende Schachtel mit der Kennzeichnung „Y“ steht Ihnen nicht zur Verfügung. Bezeichnen Sie die Kennzeichnung auf einer Schachtel, die Sie als alternative Verpackung auswählen können.*

**Aufgabe 128**

| |
|---|
| **X 80** |
| **1765** |

*An der Rampe bemerken Sie auf dem oberen Teil der Warntafel beim Lkw ein „X“ vor der Gefahrnummer (siehe Abbildung oben). Erklären Sie die Bedeutung dieses Buchstabens auf dem Warnschild.*

# 5. Versand

**Situation zu den folgenden Aufgaben:**

Sie wechseln in die Abteilung Warenversand. Die Teekontor Hein KG hat einen eigenen Fuhrpark und organisiert die Tourenplanung zur Auslieferung an Kunden selbst.

**Aufgabe 129**

*Bestimmen Sie, welchen Nachteil der Werkverkehr u. a. gegenüber dem Fremdtransport hat.*

(1) Der direkte Kontakt zur Kundschaft.
(2) Die längere Wegstrecke.

(3) Die längere Abladezeit.

(4) Die Haftung für die Transportkosten.

(5) Die Haftung für den Untergang der Sendung.

## Aufgabe 130

*Es sollen neun beladene Einwegpaletten in einen Lkw mit dem zulässigen Gesamtgewicht von 7,5 Tonnen geladen werden. Der Lkw hat ein Eigengewicht von 2,5 Tonnen. Fünf Paletten wiegen je 800 kg, zwei Paletten wiegen je 320 kg und zwei Paletten wiegen je 250 kg. Begründen Sie mit einem nachvollziehbaren Rechenweg, ob die Ladung so auf den Lkw verladen werden kann.*

---

### Situation zu den Aufgaben 131 bis 136:

Sie sollen die morgige Auslieferung an vier Kunden mit einem Lkw von 6 t Zuladung und 15 Palettenstellplätzen organisieren und einen Beladeplan für das Laden an der Rampe erstellen. Die Fahrerin startet in Hamburg und kommt nach der Tour wieder nach Hamburg zurück. Dazu stehen Ihnen folgende Informationen zur Verfügung:

### Übersicht zu Kunden und Sendungen

| Kunde | Ort | Zu berücksichtigende Anlieferungszeiten | Anzahl der Paletten | Bruttogewicht der Sendung |
|---|---|---|---|---|
| KD 01 | **Bremen** | Erst ab 14:00 – 19:00 Uhr | 1 | 921 kg |
| KD 02 | **Hannover** | 7:00 – 19:00 Uhr | 9 | 3322 kg |
| KD 03 | **Braunschweig** | 7:00 – 19:00 Uhr | 3 | 870 kg |
| KD 04 | **Lüneburg** | 7:00 – 19:00 Uhr | 2 | 849 kg |

## Übersicht zur Strecke

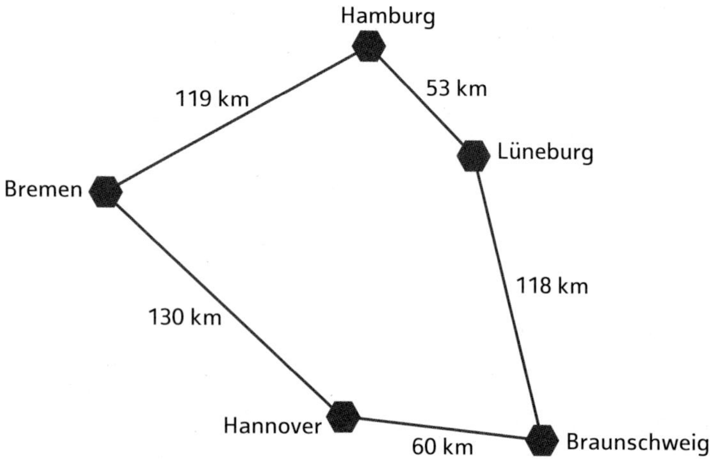


**Aufgabe 131**

*Überprüfen Sie mit einem nachvollziehbaren Rechenweg, ob die Paletten an die vier Kunden als Nutzlast in den ausgesuchten Lkw passen.*

**Aufgabe 132**

*Die Geschwindigkeit des Lkw beträgt außerhalb der Orte 80 km/h. Für Abladezeiten und langsamere Strecken innerhalb der Orte werden zwei Stunden gerechnet. Die insgesamt 60-minütige Pause der Fahrerin kann sie sich selbst auf der Strecke einteilen. Überprüfen Sie, ob die gesamte Tagesarbeitszeit der Fahrerin von neun Stunden inklusive Pause ausreicht, um die Auslieferung auszuführen.*

**Aufgabe 133**

*Nennen Sie drei Umstände, die die Fahrzeit verlängern können.*

## Aufgabe 134

*Legen Sie die Fahrtroute mit Abladestellen nach Berücksichtigung der Belieferungswünsche der vier Kunden fest:*

1. Abladestelle: ☐

2. Abladestelle: ☐

3. Abladestelle: ☐

4. Abladestelle: ☐

## Aufgabe 135

*Erstellen Sie den Beladeplan für die Rampe, indem Sie die Kundennummer in die entsprechende Anzahl der Palettenstellplätze des Lkw eintragen.*

| Vorne/Führerhaus/Fahrer/-in | | |
|---|---|---|
| | | |
| | | |
| | | |
| | | |
| | | |
| **Hinten/Rampe** | | |

## Aufgabe 136

*Ein Kollege wird morgen an der Rampe den Lkw beladen. Erläutern Sie zwei Tätigkeiten, die zu dieser beförderungssicheren Verladung gehören.*

## Situation zu den Aufgaben 137 bis 143:

Sie sind in der Disposition mit der Kontrolle der Ladungssicherung beschäftigt. Sie sollen für eine Ladung Europaletten mit dem Gesamtbruttogewicht von 8730 kg die Sicherungskraft nach vorne, nach hinten und zur Seite bestimmen. Die Ladung soll mit Antirutschmatten gesichert werden. Zur Rechnung dient Ihnen die folgende Tabelle:

| Gleitreibwert-Tabelle | | | |
|---|---|---|---|
| **Gleitreibbeiwert μ** | **trocken** | **nass** | **ölig/fettig** |
| Holz auf Holz | 0,20 – 0,50 | 0,20 – 0,25 | 0,05 – 0,15 |
| Holz auf Metall | 0,20 – 0,50 | 0,20 – 0,25 | 0,02 – 0,10 |
| Holz auf Beton | 0,30 – 0,60 | 0,30 – 0,50 | 0,10 – 0,20 |
| Metall auf Metall | 0,10 – 0,25 | 0,10 – 0,20 | 0,01 – 0,20 |
| Antirutschmatte RP | 0,70 – 0,95 | | |

### Aufgabe 137

*Was besagt der Gleitreibbeiwert?*

(1) Die Mikroverzahnung der Oberflächen von Ladefläche und Ladegut je nach Zustand.
(2) Die Reibungskraft verschiedener Materialien aufeinander.
(3) Das Maß, mit dem die Reibungskraft auf der Ladefläche reibt.
(4) Die Unterscheidung von trockenen, nassen oder fettigen Oberflächen.
(5) Das Maß, mit dem die Trägheitskraft durch Reibung wirkt.

### Aufgabe 138

*Welche Wirkung haben rutschhemmende Matten?*

(1) Sie erhöhen die Gewichtskraft.
(2) Sie vermindern die Reibungskraft.
(3) Sie erhöhen die Sicherungskraft.
(4) Sie vermindern die Sicherungskraft.
(5) Sie helfen nur bei der formschlüssigen Ladungssicherung.

## Aufgabe 139

*Berechnen Sie folgende Kräfte durch Ausfüllen der Tabelle:*

| Kraft | Hinweise | Berechnung |
|---|---|---|
| Gewichtskraft | 1 kg = 1daN | |
| Massenkraft nach vorne | Faktor 0,8 | |
| Massenkraft nach hinten und zur Seite | Faktor 0,5 | |
| Reibungskraft | mit Matte | |

## Aufgabe 140

*Berechnen Sie die Sicherungskraft nach vorne (Vollbremsung) und entscheiden Sie, wie viele daN noch gesichert werden müssen.*

## Aufgabe 141

*Berechnen Sie die Sicherungskraft nach hinten und zur Seite (beim Anfahren und in Kurven) und entscheiden Sie, wie viele daN noch gesichert werden müssen.*

## Aufgabe 142

*Die Ladefläche des Lkw hat 15 Palettenstellplätze, die Sendung besteht aus 12 Paletten. Erläutern Sie, wie hier die formschlüssige Ladungssicherung erfolgen kann.*

## Aufgabe 143

*Die Nutzlast des Lkw beträgt 9 Tonnen. Die Stirnwand des Lkw muss nach formschlüssiger Ladungssicherung bei Vollbremsung 40 % der Nutzlast halten können. Bestimmen Sie, ob diese Ladungssicherung in diesem Transportfall (siehe Situation) ausreichend ist.*

## Aufgabe 144

*Eine sperrige Teemischmaschine aus Metall mit einem Gewicht von 3 Tonnen soll zu einem Kunden gefahren werden. Die Maschine kann auf der Ladefläche nur kraftschlüssig gesichert werden. Beschreiben Sie die Wirkungsweise dieser Ladungssicherung.*

## Aufgabe 145

*Die Teemischmaschine aus der vorherigen Aufgabe soll gegen Verrutschen nach vorne mit Gurten gesichert werden, die eine Vorspannkraft von je 1000 daN haben. Die Ladefläche ist aus Holz und trocken. Berechnen Sie die Anzahl der zu verwendenden Gurte. (**Hinweis:** Den Gleitreibbeiwert entnehmen Sie bitte der oben abgebildeten Tabelle.)*

---

**Situation zu den Aufgaben 146 bis 150:**

Die Teekontor Hein KG als Logistikdienstleister wird beauftragt, die Versendung eines pharmazeutischen Produktes zu übernehmen. Das Medikament muss ohne Unterbrechungen bei mindestens –40 Grad Celsius innerhalb ganz Europas transportiert werden. Im Werkverkehr sind zurzeit keine entsprechenden Kühltransportmöglichkeiten vorhanden.

## Aufgabe 146

*Der geschätzte Umsatz für das Medikament beträgt 80.000,00 € im ersten Jahr. Die Teekontor Hein KG könnte den eigenen Fuhrpark erweitern oder einen Frachtführer im Fremdtransport beauftragen.*

---

**Kosten bei eigenem Fuhrpark:**

| | |
|---|---|
| Fixe Kosten Neuinvestition: | 200.000,00 € je Jahr |
| Variable Kosten: | 4,00 € je 10,00 € Umsatz |
| **Kosten bei Fremdtransport:** | 8,00 € je 10,00 € Umsatz |

*Berechnen Sie, wie viel Euro der Kostenvorteil der günstigeren Alternative beträgt.*

## Aufgabe 147

*Bestimmen Sie in einem nachvollziehbaren Rechenweg den Umsatz, ab dem sich die Neuinvestition in die Erweiterung des eigenen Fuhrparks lohnen würde.*

## Aufgabe 148

*Die Teekontor Hein KG überlegt, einen Frachtführer oder gleich einen Spediteur zu beauftragen. Wie unterscheiden sich diese beiden Transporthelfer?*

(1) Der Frachtführer sorgt für die Lagerung der Ware, der Spediteur sorgt für die Versicherung der Ware.
(2) Der Frachtführer befördert die Ware und der Spediteur besorgt die Versendung.
(3) Der Frachtführer besorgt die Versendung, der Spediteur befördert die Ware.
(4) Der Spediteur verkauft in fremdem Namen Ware und transportiert sie zum Frachtführer.
(5) Der Spediteur führt immer die Beförderungen aus und lagert die Ware. Der Frachtführer bietet Frachtvermittlung und Versicherung an.

## Aufgabe 149

*Erläutern Sie einen Grund, warum sich die Teekontor Hein KG bei diesem europaweiten Transport für einen Spediteur entscheidet.*

## Aufgabe 150

*Bringen Sie die folgenden Tätigkeiten bei der Versandabwicklung mit dem Spediteur in die richtige Reihenfolge, indem Sie die Ziffern 2 bis 6 in die Kästchen eintragen. (Die erste Tätigkeit ist bereits gekennzeichnet.)*

| | |
|---|---|
| Die Ware wird in der Teekontor Hein KG kommissioniert. | 1 |
| Der Frachtvertrag wird abgeschlossen. | |
| Die Verbindung mit dem Spediteur wird aufgenommen. | |
| Die Ware wird abgeholt und zum Bestimmungsort gebracht. | |
| Der Speditionsvertrag wird abgeschlossen. | |
| Der Spediteur nimmt Kontakt zum Frachtführer auf. | |

## Situation zu den Aufgaben 151 bis 153:

Die Teekontor Hein KG beauftragt ein Kraftverkehrsunternehmen mit dem Transport drei verschiedener Sendungen vom Auslieferungslager in Frankfurt/Main zu den Kunden. Verwendet wird der CMR-Frachtbrief.

| Entladeort | Anzahl Paletten | Bruttogewicht je Palette |
|---|---|---|
| Aschaffenburg | 3 | je 550 kg |
| Würzburg | 4<br>+ 2 | je 220 kg<br>je 35 kg |
| Erlangen | 12 | je 120 kg |

Der Frachtführer übergibt Ihnen folgende Frachttabelle in Euro:

| km \ kg | | 701<br>800 | 801<br>900 | 901<br>1 000 | 1 001<br>1 250 | 1 251<br>1 500 | 1 501<br>1 750 |
|---|---|---|---|---|---|---|---|
| von 1 | bis 49 | 212,6 | 227,9 | 243,2 | 258,5 | 273,8 | 289,1 |
| 50 | 99 | 221,4 | 237,3 | 253,2 | 269,1 | 285,0 | 300,9 |
| 100 | 199 | 230,2 | 246,7 | 263,2 | 279,7 | 296,2 | 312,7 |
| 200 | 299 | 239,0 | 256,1 | 273,2 | 290,3 | 307,4 | 324,5 |

### Aufgabe 151

*Was ist ein CMR-Frachtbrief?*

(1) Das Transportpapier im internationalen Schienenverkehr.

(2) Das Transportpapier im internationalen Güterkraftverkehr auf der Straße.

(3) Das Warenwertpapier im internationalen Schienenverkehr.

(4) Das Warenwertpapier im internationalen Güterkraftverkehr auf der Straße.

(5) Das Transportpapier bei der Luftfracht.

## Aufgabe 152

*Die Frachtkosten sollen berechnet werden. Dabei ist Folgendes zu beachten:*
*Für jede Palette wird eine Tauschgebühr von 2,50 € berechnet.*
*Für die Lieferung nach Erlangen wird ein Preisnachlass von 15 % auf die Frachtkosten gewährt.*

*Füllen Sie die folgende Berechnungstabelle vollständig aus.*

| Entladeort | Entfernung in km | Bruttogewicht in kg | Frachtkosten lt. Tabelle | Preisnachlässe in % | Palettentauschgebühr in € | Gesamtkosten |
|---|---|---|---|---|---|---|
| **Aschaffenburg** | 41 | | | | | |
| **Würzburg** | 118 | | | | | |
| **Erlangen** | 205 | | | | | |

## Aufgabe 153

*Zunehmend werden beim Transport von kleineren Sendungen die Dienstleistungen von KEP-Diensten in genutzt. Benennen Sie die Abkürzung KEP als ausgeschriebene Worte.*

## Aufgabe 154

*Der KEP-Dienst-Anbieter LHD schickt der Teekontor Hein KG folgenden Auszug aus den Geschäftsbedingungen:*

| | |
|---|---|
| maximale Gewichtsobergrenze je Paket | 36 kg |
| maximales Gurtmaß (L + 2 x B + 2 x H) | 360 cm |
| maximale Länge je Paket | 170 cm |

*Beschreiben Sie einen Grund, warum ein maximales Gurtmaß angegeben wird.*

## Aufgabe 155

*Prüfen Sie, ob folgende Pakete mit LHD nach den obigen Bedingungen verschickt werden können, indem Sie die abgebildete Tabelle vervollständigen. (Paket A ist bereits geprüft.)*

| Paket | Länge in cm | Breite in cm | Höhe in cm | Gewicht in kg | Gurtmaßin cm | Transport möglich | | Begründung bei nein |
|---|---|---|---|---|---|---|---|---|
| | | | | | | ja | nein | |
| **A** | 84 | 78 | 80 | 34,5 | 400 | | **x** | Gurtmaß über-schritten |
| **B** | 140 | 50 | 50 | 32,5 | | | | |
| **C** | 100 | 70 | 22 | 36,6 | | | | |
| **D** | 162 | 28 | 22 | 25,5 | | | | |
| **E** | 172 | 40 | 20 | 31,6 | | | | |
| **F** | 100 | 80 | 30 | 36 | | | | |

## Aufgabe 156

*Der KEP-Dienstleister LHD berechnet die internationalen Sendungen gestaffelt nach dem Versandgewicht und nach Länderzonen (Auszug):*

(1) **Zone 1:** Europäische Union

(2) **Zone 2:** Großbritannien, Nordirland und Schweiz

(3) **Zone 3:** Rest Europa (ohne Länder der Zone 1,2, und 4)

(4) **Zone 4:** Russische Föderation

*Ordnen Sie zu, indem Sie die Kennziffern der 4 Länderzonen in die Kästchen neben den 4 Ländern eintragen.*

| | |
|---|---|
| ☐ *Wales* | ☐ *Dänemark* |
| ☐ *Aserbeidschan* | ☐ *Norwegen* |

## Aufgabe 157

*Für den Export in die USA soll die auf einer Fertigmischung angegebene Zutatenliste mit deutschen Gewichten von Etiketten englischer Gewichtsangaben überklebt werden. Die deutsche Zutatenliste zeigt Folgendes:*

***260 Gramm Backmischung***
***75 Gramm Mischung für den Belag***
***15 Gramm Mischung für den Kakao***
***104 Gramm kakaohaltige Fettglasur***

*Ermitteln Sie das Gewicht der Fertigmischung für eine ganze Packung in lb (1lb= 0,454 kg).*

---

### Situation zu den Aufgaben 158 bis 160:

Die Teekontor Hein KG möchte einen Container mit Seekisten beladen per Überseetransport nach New York versenden. Um den Container rechtzeitig im Hamburger Hafen am 27. November um 0:00 Uhr zur Verladung zu haben, muss der Container samt Papieren 4 Stunden vor der Verladung am Kai bereitstehen. Das Containerterminal verfügt über einen Gleisanschluss. Sie sollen unter Berücksichtigung untenstehender Angaben eine Vorlaufübersicht für das

Auslieferungslager Frankfurt erstellen. Im Warenversand wird im 3-Schicht-Betrieb rund um die Uhr gearbeitet.

- Die Containerbeladung mit den Seekisten und die Beladung des Lkw mit dem Container dauert 6 Stunden.
- Der Transport zum Bahnhof Frankfurt dauert 30 Minuten.
- Im Versandbahnhof muss der Container spätestens eine Stunde vor Abfahrt bereitstehen.
- Für den Bahntransport stehen zwei mögliche Verbindungen zur Verfügung:
  **Abfahrt** 11:00 Uhr oder 13:00 Uhr
  **Ankunft** 19:30 Uhr oder 21:30 Uhr.

## Aufgabe 158

*Wer stellt das Konnossement für den Überseetransport von Hamburg nach New York aus?*

(1) Die Teekontor Hein KG in Deutschland.

(2) Der Verfrachter (die Reederei), der die Ware zur Beförderung übernommen hat.

(3) Die deutschen Zollbehörden.

(4) Die amerikanischen Zollbehörden.

(5) Das Bundesamt für gewerbliche Wirtschaft.

## Aufgabe 159

*Bezeichnen Sie den internationalen Frachtbrief für den Transport mit der Bahn.*

## Aufgabe 160

*Bestimmen Sie den Tag und die Uhrzeit, zu der im Auslieferungslager Frankfurt mit der Containerbeladung spätestens begonnen werden muss.*

# 6. Grundlagen des Rechnungswesens

**Situation zu den Aufgaben 161 bis 175:**

Nachdem Sie im Lager sehr häufig bei der Durchführung der Inventur geholfen haben, wechseln Sie im dritten Ausbildungsjahr in die Abteilung Buchhaltung.

**Aufgabe 161**

*Geben Sie zwei Anlässe für die Durchführung einer gesetzlich vorgeschriebenen Inventur an.*

**Aufgabe 162**

*Das Geschäftsjahr endet zum 31. Dezember. Bezeichnen Sie die angewendete Inventurart, wenn Anfang Januar gezählt wird.*

**Aufgabe 163**

*Sie waren zur körperlichen Bestandsaufnahme im Verpackungsmateriallager mit einer Kollegin eingeteilt. Die gezählten Mengen liegen Ihnen handschriftlich von der Kollegin vor:*

Lagerort A 16 - 3
Holzkisten
26 Gitterboxen

Lagerort A 16 - 4
Kisten-Leisten
125 Stück: Länge 1,00 m
236 Stück: Länge 2,00 m
5 Pakete mit
12 Stück: Länge 3,00 m

Lagerort A 16 - 5
Bodenplatten
(L x B)
1,85 m x 0,68 m
3 Paletten mit je 25 Platten
5 Platten lose

*Ergänzen Sie den abgebildeten Inventurbogen um alle fehlenden Angaben:*

| Inventurbogen Warengruppe Verpackungsmaterial/ Blatt 34 | | | |
|---|---|---|---|
| Bestandsaufnahme | | Bewertung | |
| Bezeichnung | Gezählte Menge | Sollbestand | Abweichung +/- |
| Holzkisten | GiBo | 30 | |
| Bodenplatten | $m^2$ | 100,64 $m^2$ | |
| Kisten-Leisten | m | 757 | |

## Aufgabe 164

*Bringen Sie die folgenden Schritte zur Durchführung einer Inventur in die richtige Reihenfolge, indem Sie die Ziffern 1 bis 8 in die Kästchen eintragen.*

Soll-Ist-Werte gegenüberstellen ☐

Inventur-Artikellisten ausdrucken ☐

Inventurabschluss melden ☐

bei Bestandsdifferenzen Nachzählung veranlassen ☐

Termin mit der Buchführung vereinbaren ☐

die Mitarbeiterinnen und Mitarbeiter mit der Aufnahme beauftragen ☐

Inventurdifferenzen feststellen ☐

Inventurdifferenzen ausbuchen ☐

## Aufgabe 165

*Geben Sie an, was man unter „permanenter Inventur" versteht.*

(1) Unter der Voraussetzung einer ordnungsgemäßen Lagerbuchführung werden einmal im Geschäftsjahr zu einem beliebigen Zeitpunkt die Istbestände körperlich erfasst.
(2) Bei EDV-mäßiger Erfassung aller Zu- und Abgänge der Waren ist eine permanente Inventur grundsätzlich nicht möglich.

(3) Der Zeitpunkt für die Inventur wird so gelegt, dass 3 Monate vor und 2 Monate nach dem Abschlussstichtag die körperliche Bestandsaufnahme durchgeführt wird.

(4) Am 31.12. eines jeden Jahres wird eine Inventur durchgeführt, um die Istbestände mit den Beständen der Vorjahre zu vergleichen.

(5) Eine ordnungsgemäße Lagerbuchführung ersetzt eine permanente Inventur und macht eine körperliche Bestandsaufnahme überflüssig.

## Aufgabe 166

*Bei einer nachverlegten Inventur am 15. Januar wurde ein Bestand von 821 Stück festgestellt. Am 10. Januar des gleichen Jahres wurde ein Lagerzugang von 400 Stück verzeichnet. Die Warenentnahme in der Zeit vom 1. Januar bis zum 14. Januar betrug 198 Stück.*

*Wie viel Stück betrug der Bestand für das Inventar am 31. Dezember des letzten Jahres?*

## Aufgabe 167

*Sie sollen geeignete Inventurverfahren wie z. B. die verlegte Inventur für verschiedene Betriebssituationen aussuchen. Vervollständigen Sie die folgende Tabelle.*

| Situation | Inventurverfahren |
|---|---|
| Ein Sportgeschäft schließt am 31.12. um 14:00 Uhr und macht eine Inventur. | |
| In einem Industrieunternehmen machen ca. 5 % der Ware 78 % des Warenwertes aus. | |
| Ein Buchgeschäft schließt am 31.10. wegen Inventurarbeiten. Die Bilanz ist am 31.12. datiert. | |

## Aufgabe 168

*Erklären Sie zwei Vorteile der Stichprobeninventur.*

## Aufgabe 169

*Bei der verlegten Inventur erfolgt die Bestandsaufnahme innerhalb der letzten 3 Monate vor oder innerhalb der ersten 2 Monate nach dem Bilanzstichtag. Die zwischenzeitlich erfolgten Zu- und Abgänge müssen auf den Bilanzstichtag fortgeschrieben oder zurückgerechnet werden.Ermitteln Sie den wertmäßigen Bestand am Bilanzstichtag durch Vervollständigen der Tabelle.*

| | |
|---|---|
| Wertmäßiger Bestand am 03.10. | 100.000,00 € |
| Wert der Zugänge 3. Oktober bis 31. Dezember | 15.000,00 € |
| Wert der Abgänge 3. Oktober bis 31. Dezember | 20.000,00 € |
| Wertmäßiger Bestand am Bilanzstichtag 31.12. | |

## Aufgabe 170

*Welche Position gehört zum Umlaufvermögen?*

(1) Bankschulden
(2) Eigenkapital
(3) Verbindlichkeiten
(4) Geschäftsausstattung
(5) Forderungen

## Aufgabe 171

*Welche Schuld ist langfristig?*

(1) Bankschulden durch Kontoüberziehung
(2) Hypotheken
(3) Verbindlichkeiten
(4) Darlehen
(5) Forderungen

## Aufgabe 172

*Erstellen Sie aus den folgenden Positionen die Bilanz. Beachten Sie die Gliederungsvorschriften.*

| | |
|---|---|
| Maschinen | 60.000,00 € |
| Hypothek | 20.000,00 € |
| Forderungen | 4.000,00 € |
| Waren | 10.000,00 € |
| Gebäude | 200.000,00 € |
| Fuhrpark | 90.000,00 € |
| Verbindlichkeiten | 32.000,00 € |
| Geschäftsausstattung | 50.000,00 € |
| Kasse | 4.000,00 € |
| Darlehen | 8.000,00 € |
| Bankguthaben | 16.000,00 € |
| Eigenkapital | ??? |

## Aufgabe 173

*Bestimmen Sie bei den folgenden Geschäftsvorfällen die Art der Bilanzveränderung:*

| Geschäftsvorfall | Bilanzveränderung |
|---|---|
| 1. Wareneinkauf auf Ziel | |
| 2. Barverkauf eines gebrauchten Sprinters | |
| 3. Zieleinkauf einer Rechenmaschine | |
| 4. Warenverkauf gegen Banküberweisung | |
| 5. Ein Kunde überweist auf das Bankkonto | |
| 6. Umwandlung einer Verbindlichkeit in ein Darlehen | |
| 7. Aufnahme eines neuen Darlehens bei der Bank | |
| 8. Ausgleich einer Lieferantenrechnung mit Postscheck | |

## Aufgabe 174

*Bestimmen Sie bei den folgenden Geschäftsvorfällen die Buchungssätze: (**Hinweis**: der erste Buchungssatz ist bereits eingetragen.)*

| Geschäftsvorfall | Kontenbezeichnung an | |
|---|---|---|
| 1. Wareneinkauf auf Ziel | Waren | Verbindlichkeiten |
| 2. Barverkauf eines gebrauchten Sprinters | | |
| 3. Zieleinkauf einer Rechenmaschine | | |
| 4. Warenverkauf gegen Banküberweisung | | |
| 5. Ein Kunde überweist auf das Bankkonto | | |
| 6. Umwandlung einer Verbindlichkeit in ein Darlehen | | |
| 7. Aufnahme eines neuen Darlehens bei der Bank | | |
| 8. Ausgleich einer Lieferantenrechnung mit Postscheck | | |

## Aufgabe 175

*Bestimmen Sie, welcher Geschäftsvorfall zu einer Eigenkapitalminderung führt.*

(1) Banküberweisung für gemietete Geschäftsräume
(2) Eine Lieferantenschuld wird in eine Darlehensschuld umgewandelt.
(3) Wareneinkauf auf Ziel
(4) Banküberweisung einer Eingangsrechnung
(5) Barabhebung vom Bankkonto

# B

# RATIONELLER UND QUALITÄTSSICHERNDER GÜTERUMSCHLAG

## 1. Einsatz von Arbeitsmitteln

**Situation zu den Aufgaben 176 bis 180:**

Sie sollen ein Regalfeld ausräumen, entstauben und die Fachböden feucht abwischen, bevor Sie die Ware wieder einlagern. Zunächst suchen Sie das entsprechende Regalfeld und den Lagerplatz mit der Nummer 02 05 04 03.

**Aufgabe 176**

*Nach dem Lagerplan dieses Lagers der Teekontor Hein KG hat jeder Lagerplatz eine eigene Nummer, die folgendermaßen aufgebaut ist:*

*1. und 2. Stelle: Lagerzone*
*3. und 4. Stelle: Regal*
*5. und 6. Stelle: Steher (Feld)*
*7. und 8. Stelle: Ebene (Fach)*

*Wo finden Sie demnach den Lagerplatz?*

(1) Der Lagerplatz befindet sich in Lagerzone 04.
(2) Der Lagerplatz befindet sich im Regal 04.
(3) Der Lagerplatz befindet sich im Feld 04.
(4) Der Lagerplatz befindet sich im Fach 04.
(5) Der Lagerplatz befindet sich im Fach 02.

**Aufgabe 177**

*Bestimmen Sie, wie die Übersichtlichkeit im Lager erreicht werden kann.*

(1) Durch den räumlichen Aufbau des Lagers nach dem Arbeitsfluss.
(2) Durch den Einbau von Fenstern.
(3) Durch Einrichten von zusätzlichen Sozialräumen.

(4) Durch den Einsatz von technischen Geräten, die den Unfallverhütungsvorschriften entsprechen.
(5) Durch den zusätzlichen Gebrauch von Packmaterial.

## Aufgabe 178

*Was kann man durch Sauberkeit im Lager nicht direkt erreichen?*

(1) Eine Verringerung der Unfallgefahr.
(2) Einen guten Eindruck für Lieferanten, Kundschaft und Besucherinnen und Besucher.
(3) Ein angenehmes Arbeiten am Arbeitsplatz.
(4) Eine Verringerung der durchschnittlichen Lagerdauer der gelagerten Waren.
(5) Eine längere Haltbarkeit der Lagereinrichtungen, Werkzeuge und Transportmittel.

## Aufgabe 179

*Wie kann man gelagerte Ware am besten vor Schädlingsbefall schützen?*

(1) Durch Videoüberwachung.
(2) Durch die Verwendung von Packmitteln mit rauer Oberfläche.
(3) Durch Sauberkeit im Lager und auf Umschlagsplätzen.
(4) Durch Abschluss einer Warenversicherung.
(5) Durch den Einbau von Trennwänden.

## Aufgabe 180

*Welche der aufgeführten Tätigkeiten gehört zu den Pflichten des Lagerpersonals?*

(1) Die Aufrechterhaltung bzw. Herstellung der Ordnung und Sauberkeit des eigenen Arbeitsbereichs.
(2) Die halbjährliche Überprüfung der Beleuchtungsanlage mit Austausch defekter Leuchtstoffröhren.
(3) Die Prüfung der Funktionsfähigkeit der Sprinkler-Löschanlage.
(4) Die Ausführung von Reparaturen an defekten Flurförderzeugen.
(5) Das Programmieren einer Änderung im Lagerplan eines chaotisch geführten Lagers.

## Aufgabe 181

*Es sollen neue Arbeitsmittel für verschiedene Einsatzgebiete in der Teekontor Hein KG gekauft werden. Ordnen Sie zu, indem Sie die*

*Kennziffern der acht Einsatzgebiete in die Kästchen neben den Arbeitsmitteln eintragen.*

**Einsatzgebiete**
(1) erstellt Etiketten für Barcodes
(2) dient zur Sicherung der Ladung auf Paletten
(3) Vollautomat für Selbstklebebänder
(4) zählt große Mengen Kleinteile
(5) erlaubt rückenschonendes Beladen von Paletten
(6) dient der DV-gesteuerten Kommunikation im Lager
(7) dient zum Verschließen von Schachteln
(8) dient zur Bereitstellung von Leerpaletten

**Arbeitsmittel**

| | |
|---|---|
| Klebstreifengeber | ☐ |
| Etikettiergerät | ☐ |
| Scanner | ☐ |
| Palettensammler | ☐ |
| Scherenhubtisch | ☐ |
| Umreifungsgerät | ☐ |
| Zählwaage | ☐ |
| Heftklammergerät | ☐ |

## Aufgabe 182

*Die Teekontor Hein KG erhält eine Mitteilung vom Eichamt, dass eine sachkundige Mitarbeiterin zur Prüfung der Arbeitsmittel kommen wird. Welche Arbeitsmittel werden dabei vom Eichamt auf ihre Tauglichkeit geprüft?*

(1) Die Handhubwagen und Stechkarren.
(2) Die fahrerlosen Transportsysteme.
(3) Die stetig und unstetig geführten Kettenförderer.
(4) Die elektronischen und mechanischen Waagen.
(5) Die elektrischen und dieselbetriebenen Stapler.

## Situation zu den Aufgaben 183 bis 184:

Es werden lösungsmittelhaltige Lacke (Wassergefährdungsklasse 2) in 200-Liter-Blechfässern angeliefert und sollen von Ihnen (mit Tragen von Atemschutz und über einer Palette mit Auffangwanne) in 5-Liter-Blechkanister umgefüllt werden.

### Aufgabe 183

*Welches geeignete Arbeitsmittel wählen Sie aus, damit beim Umfüllen des Lacks möglichst wenig in die Auffangwanne läuft?*

(1) Zählwaage mit Display
(2) Hand-Stückzähler
(3) Messbecher aus Emaille
(4) Personenwaage
(5) Zapfpistole mit Messeinrichtung

### Aufgabe 184

*Ein Kubikdezimeter($dm^3$) entspricht einem Liter Lack. Die Auffangwanne unter einem Blechfass ist einen Meter lang und einen Meter breit. Bestimmen Sie die Zentimeter, die die Auffangwanne mindestens hoch sein muss, um im Notfall das gesamte Gefahrgut eines Blechfasses aufnehmen zu können, wenn aus Sicherheitsgründen (z. B. wegen der Flüssigkeitsverdrängung der Palette) noch 10 cm zum eigentlichen Flüssigkeitsvolumen dazugerechnet werden.*

### Aufgabe 185

*Bestimmen Sie, welche Aussage zu Stetigförderern richtig ist.*

(1) Stetigförderer werden nur bei Bedarf eingesetzt.
(2) Stetigförderer sind alle Fördermittel, die die Güter horizontal bewegen.
(3) Stetigförderer sind alle Fördermittel, die die Güter vertikal bewegen.
(4) Stetigförderer sind alle gleislosen Fördermittel mit elektrischem Antrieb.
(5) Stetigförderer sind alle Fördermittel, die einen festgelegten, gleichbleibenden Förderweg haben.

## Aufgabe 186

*Der innerbetriebliche Transport soll zunehmend auf Stetigförderer umgestellt werden. Welchen Vorteil bieten Stetigförderer?*

(1) Sie sind nur für Schwerteile geeignet.
(2) Ihre Investitionskosten sind sehr niedrig.
(3) Sie sind ständig transportbereit.
(4) Sie sind sehr flexibel einsetzbar.
(5) Sie haben einen niedrigen Automatisierungsgrad.

---

**Situation zu den Aufgaben 187 bis 188:**

*Im Lagerbereich „Assam Tee" der Teekontor Hein KG lagert der Tee in Holzkisten je 35 kg Inhalt mit den jeweils gleichen Außenmaßen. Die Geschäftsführung erwägt, für den Transport und die Kommissionierung in diesem Lagerbereich zusätzlich zu den Mitarbeiter/-innen Transportroboter einzusetzen*

## Aufgabe 187

*Welches Argument spricht für diesen Plan?*

(1) Die Unfallgefahr wird vermindert.
(2) Die Kommissionierleistung je Roboter wird erhöht.
(3) Die Einlagerung der Holzkisten wird vereinfacht.
(4) Die Transportroute zum Warenausgang wird optimiert.
(5) Das Umstellen auf unterschiedliche Holzkistenmaße wird erleichtert.

## Aufgabe 188

*Wie viele Transportroboter müsste die Teekontor Hein KG für den gesamten Lagerbereich „Assam Tee" anschaffen, wenn ein Roboter 1/3 der Ausgangsmenge einer Mitarbeiterin oder eines Mitarbeiters (von 900 Positionen je Schicht) erledigt und 2700 Positionen je Schicht insgesamt kommissioniert werden?*

## Aufgabe 189

*Prüfen Sie, welche beiden Begriffe einander richtig zugeordnet sind.*

(1) Fahrerloses Transportsystem – Handhubwagen
(2) Hebezeug – Kran
(3) Stetigförderer – Stechkarre

(4) gleisloses Flurförderzeug – Aufzug
(5) gleisgebundenes Flurförderzeug – Gabelstapler

## Aufgabe 190

*Die Teekontor Hein KG hat einen Auftrag angenommen, Lagerung und weltweiten Versand in Containern im Umfang von 180 gepackten Europaletten pro Stunde zu organisieren. Prüfen Sie, welches innerbetriebliche Transportmittel für den personalsparenden Transport vom Lager zur Containerpackstation infrage kommt.*

(1) Elektroschlepper, induktiv geführt
(2) Diesel-Frontgabelstapler, 3,2 t Tragfähigkeit
(3) Gabelhubwagen mit 2 500 mm Gabellänge
(4) Dieselschlepper mit Schwerlastanhänger
(5) Elektro-Deichsel-Gabelhubwagen

## Aufgabe 191

*Welche Aufgabe hat die im Boden verlegte Induktionsschleife bei fahrerlosen Transportsystemen?*

(1) Die im Boden verlegte Induktionsschleife zeigt der Begleitperson des FTS den zu fahrenden Weg.
(2) Mithilfe dieser Induktionsschleife ist eine permanente Aufladung der Batterie gewährleistet.
(3) Impulse aus der Induktionsschleife steuern das mit einer Batterie für den Antrieb versehene FTS zum jeweiligen Empfangsplatz.
(4) Die im Boden verlegte Induktionsschleife informiert den Empfänger über das Eintreffen der Ware.
(5) Die Induktionsschleife dient als Energiezufuhr (Strom) für das FTS.

## Aufgabe 192

*Die Teekontor Hein KG benötigt zur Beförderung von Artikeln, die in Kisten, auf Paletten, in Kartonagen oder Säcken angeliefert werden, mechanische Fördermittel. Welche beiden Fördermittel schlagen Sie zum Kauf vor?*

(1) Dieselstapler, Elektrostapler
(2) Förderband, Aufzug
(3) Seitenschubmaststapler, Regalfahrzeug
(4) Handhubwagen, Sackkarre
(5) fahrerloses Transportsystem, Hebebühne

## Aufgabe 193

*Um die Fahrerlaubnis für Flurförderzeuge zu erwerben, sollen Sie zu einer Schulung geschickt werden. Welche Nachweise müssen Sie erbringen, um nach der Schulung auch den Gabelstapler fahren zu dürfen?*

(1) Sie brauchen keine besonderen Nachweise, da der Vorgang eine innerbetriebliche Angelegenheit ist.
(2) Sie müssen 18 Jahre alt sein und die entsprechenden gesundheitlichen Voraussetzungen erfüllen.
(3) Sie benötigen weder eine Schulung noch müssen Sie die Voraussetzungen erfüllen, denn eine Einweisung des Vorgesetzten reicht aus.
(4) Sie müssen 18 Jahre alt sein und im Besitz des Führerscheines für Kraftfahrzeuge über 3,5 Tonnen.
(5) Sie müssen 18 Jahre alt sein und benötigen die schriftliche Zustimmung der zuständigen Berufsgenossenschaft.

## Aufgabe 194

*Ein neu anzuschaffender Gabelstapler soll vorwiegend im geschlossenen Lager eingesetzt werden. Worauf ist bei der Kaufentscheidung besonders zu achten?*

(1) Ob der Gabelstapler einen Elektro- oder Dieselmotor hat.
(2) Ob der Gabelstapler einsitzig oder zweisitzig ist.
(3) Ob der Gabelstapler freitragende oder radunterstützte Gabeln hat.
(4) Ob der Gabelstapler mit oder ohne Anbaugeräte ausgerüstet ist.
(5) Ob der Gabelstapler einen Sitzplatz oder einen Fahrerstand hat.

## Aufgabe 195

*In welchem Bereich darf ein Förderzeug mit Verbrennungsmotor (z. B. ein Dieselstapler)* ***nicht*** *eingesetzt werden?*

(1) In Räumen mit Betonfußboden.
(2) Im Freigelände.
(3) In großen Hallen mit entsprechender Belüftung.
(4) In geschlossenen Räumen.
(5) Im Werkverkehr.

## Aufgabe 196

*Bestimmen Sie, warum in einem Teillager der Teekontor Hein KG Seitsitzstapler für Paletten eingesetzt werden.*

(1) Um im Lager mit breiten Gängen mehr Platz für Fußgängerinnen und Fußgänger zu haben.
(2) Um im Lager mit breiten Gängen mehr Platz zum Ein- und Auslagern zu haben.
(3) Um im Lager mit schmalen Gängen mehr Platz zum Ein- und Auslagern zu haben.
(4) Um im Lager mit schmalen Gängen mehr Platz für Fußgängerinnen und Fußgänger zu haben.
(5) Um den Fahrer beim Vorwärtsfahren ergonomisch zu entlasten.

## Aufgabe 197

*Was sind ex-geschützte Stapler?*

(1) Stapler, die gegen Lastschwerpunktüberschreitung geschützt sind.
(2) Stapler, deren Abgase durch entsprechende Filter geleitet werden.
(3) Stapler, die ausschließlich im offenen Lager eingesetzt werden können.
(4) Stapler mit gegen Überdrehung geschützten variablen Bedienungsstand.
(5) Stapler, die durch verkapselte Bauteile funkensicher ausgestattet sind.

## Aufgabe 198

*Welches Anbaugerät für einen Stapler ist zum Transport von 3 m langen Papierrollen mit einem Durchmesser von 1 m am besten geeignet?*

(1) Klammergabel
(2) Tragdorn
(3) Kranarme
(4) Schaufel
(5) Lasthalter

## Situation zu den Aufgaben 199 bis 207:

Sie werden im Lager der Teekontor Hein KG zum Staplerfahren eingesetzt. Heute beginnen Sie um 7:00 Uhr morgens mit Ihrer Schicht.

### Aufgabe 199

*Sie sollen 40 Paletten vom Wareneingang in das 120 m entfernte Palettenlager transportieren. Rechnen Sie aus, wann Sie frühestens Ihre Frühstückspause beginnen können, wenn*

- Sie für die Sicht- und Funktionsprüfung vor Beginn des Transportes 16 Minuten benötigen,
- Sie zum Anheben und Absetzen einer Palette *jeweils* 30 Sekunden brauchen,
- der Stapler nur immer eine Palette je Weg transportieren kann und durchschnittlich 9 km/h (150 m/min) fährt,
- sich der Pausenraum, zu dem Sie am Ende zurückkehren werden, direkt neben dem Wareneingang befindet.

### Aufgabe 200

*Vor jedem Einsatz des Gabelstaplers ist eine Sicht- und Funktionsprüfung durchzuführen. Welche Maßnahme müssen Sie treffen?*

(1) Die Beleuchtung prüfen.
(2) Die Batterie warten.
(3) Die Betriebsanleitung des Herstellers lesen.
(4) Die Achsen der Laufräder kontrollieren.
(5) Den Prüfnachweis des Herstellers (Plakette) auf Gültigkeit prüfen.

### Aufgabe 201

*Sie überzeugen sich, dass der Gabelstapler in betriebssicheren Zustand ist. Welche Prüfung zählt dabei* ***nicht*** *zu Ihrer Kontrolle?*

(1) die Funktion der Beleuchtung und Bremslichter
(2) die Funktion des Betriebsstundenzählers
(3) die Funktion der Warneinrichtung
(4) die Funktion der Betriebs- und Feststellbremse
(5) die Funktion aller Sicherungen gegen unbefugtes Benutzen

## Aufgabe 202

*Welche Einrichtung eines Elektro-Flurförderzeuges muss täglich gewartet werden, um einen permanenten Einsatz sicherzustellen?*

(1) das Bedienhebelwerk
(2) die Beleuchtungsanlage
(3) die Achsen und Laufräder
(4) die Zugvorrichtung
(5) die Batterie

## Aufgabe 203

*Bei der Benutzung eines Gabelstaplers sind Vorsichtsmaßnahmen zu beachten. In welcher Situation verhält sich ein eine Kollegin als Staplerfahrer vorschriftsmäßig?*

(1) Wenn sie mit Gabeln in 1,50 m Höhe eine Leerfahrt macht.
(2) Wenn sie nicht zugelassenen Personen die Mitfahrt erlaubt.
(3) Wenn sie einen Mitarbeiter in einer Gitterboxpalette zur Warenentnahme im Regal in 2,50 m Höhe hebt.
(4) Wenn sie mit drei beladenen Gitterboxpaletten rückwärts in das Palettenregal fährt.
(5) Wenn sie den Stapler während eines Gangs zur Toilette fahrbereit abstellt.

## Aufgabe 204

*Sie prüfen anhand des Lastschwerpunktdiagrammes auf dem Stapler, ob Sie eine bestimmte Last damit transportieren können. Sie stellen fest, dass das Lastgewicht unter dem dazugehörigen Lastschwerpunkt des Diagramms liegt. Wie verhalten Sie sich richtig?*

(1) Sie informieren die Lagerleiterin und schlagen den Transport mit einem anderen Stapler vor.
(2) Sie rufen einen Kollegen zu sich in die Fahrerkabine, damit sich der Lastschwerpunkt nach hinten verschiebt.
(3) Sie transportieren die Last zu dem angegebenen Ort.
(4) Sie verstellen den Neigungswinkel der Gabeln solange, bis die Last abgesichert ist.
(5) Sie lassen die Last stehen und wenden sich einer anderen Aufgabe zu.

## Aufgabe 205

*Bringen Sie die folgenden Arbeitsschritte beim Abstellen des Staplers nach Schichtende in die richtige Reihenfolge, indem Sie die Ziffern 1 bis 6 in die Kästchen neben den Arbeiten eintragen.*

Die Feststellbremse anziehen ☐

Den Stapler an einem geeigneten Ort abstellen ☐

Den Schlüssel abziehen ☐

Das Ladegerät einschalten ☐

Den Stapler an das Ladegerät anschließen ☐

Die Batterieabdeckung öffnen ☐

**Abbildung zu den Aufgaben 206 und 207:**

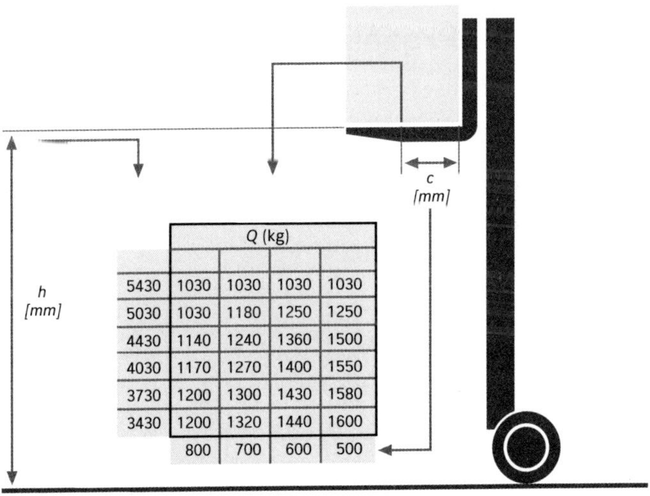


| h [mm] | Q (kg) | | | |
|---|---|---|---|---|
| 5430 | 1030 | 1030 | 1030 | 1030 |
| 5030 | 1030 | 1180 | 1250 | 1250 |
| 4430 | 1140 | 1240 | 1360 | 1500 |
| 4030 | 1170 | 1270 | 1400 | 1550 |
| 3730 | 1200 | 1300 | 1430 | 1580 |
| 3430 | 1200 | 1320 | 1440 | 1600 |
| c [mm] | 800 | 700 | 600 | 500 |

## Aufgabe 206

*Welcher Zusammenhang zwischen Lastschwerpunkt als Abstand vom Gabelansatz und Lastgewicht ist zutreffend?*

(1) Je höher das Lastgewicht, desto weiter kann der Lastschwerpunkt vom Gabelansatz entfernt sein.
(2) Je niedriger das Lastgewicht, desto kürzer muss der Lastschwerpunkt sein.
(3) Je länger der Lastschwerpunkt, desto höher kann das Lastgewicht sein.
(4) Je kürzer der Lastschwerpunkt, desto niedriger muss das Lastgewicht sein.
(5) Je kürzer der Lastschwerpunkt, desto höher kann das Lastgewicht sein.

**Aufgabe 207**

*Sie sollen eine Europalette mit der Schmalseite auf den Stapler aufnehmen und in 5 Metern Höhe einlagern. Das Bruttogewicht der Europalette beträgt 1230 kg. Entscheiden Sie mithilfe des oben abgebildeten Diagramms auf dem Stapler, ob diese Einlagerung möglich ist.*

# 2. Logistische Prozesse

**Aufgabe 208**

*Welche Funktion fällt* ***nicht*** *in den Aufgabenbereich des Lagers?*

(1) Überbrückungsaufgabe
(2) Sicherungsaufgabe
(3) Veredelungsaufgabe
(4) Preisausgleichsaufgabe
(5) Verarbeitungsaufgabe

**Aufgabe 209**

*In welchem Fall übernimmt die Lagerhaltung, Aufgaben der eine Veredelungsaufgabe?*

(1) Bei der Überbrückung von Falschlieferungen für Werkzeuge.
(2) Bei der Lagerung von frisch geschlagenem Holz zum Trocknen.
(3) Bei Transportschwierigkeiten von Stahlträgern.
(4) Bei Lieferungsverzögerungen von Autoersatzteilen.
(5) Bei der Ausnutzung von Mengenrabatt für Verpackungsmaterial.

## Aufgabe 210

*Welchen Zweck erfüllt die Sicherungsaufgabe des Lagers?*

(1) Die Lieferbereitschaft soll gewährleistet werden.
(2) Die Ware soll durch längere Lagerung im Wert und in der Qualität steigen.
(3) Der Lagerbestand soll vor bevorstehenden Preiserhöhungen absichern.
(4) Durch Sicherungsmaßnahmen wie verplombte Gitter soll die Ware vor Schwund geschützt werden.
(5) Die Sicherheit der Lagermitarbeiter soll durch entsprechende Schutzkleidung gewährleistet werden.

## Aufgabe 211

*Für die Herstellung des Wintertees „Kaminzauber“ werden verschiedene Bestandteile gemischt:*

- 0,2 Tonnen Assamtee
- 120 Pfund Zimtstangen
- 25 kg Trockenäpfel
- 10 kg Sultaninen
- 72 kg Nelken
- 6 000 Gramm andere Gewürze

*Errechnen Sie, wie viele Beutel der Mischung abgefüllt werden können, wenn ein Beutel 50 Gramm der Mischung enthalten soll.*

---

**Situation zur Aufgabe 212 bis 221:**

Sie wechseln in die DV-Abteilung und sollen sich mit dem WWS (Warenwirtschaftssystem) vertraut machen.

## Aufgabe 212

*Welche für die Rechnungserstellung erforderliche Information gehört zu den Stammdaten?*

(1) Liefertermin
(2) Rechnungsdatum
(3) Kundennummer
(4) Rechnungsbetrag
(5) Bestelldatum

## Aufgabe 213

*In jeder Verarbeitung gibt es Daten, die nur einen einzigen Vorgang betreffen, zum Beispiel die Bestellmenge bei einem Auftrag. Wie bezeichnet man diese Daten?*

(1) alphanumerische Daten
(2) Erläuterungsdaten
(3) Stammdaten
(4) statistische Daten
(5) Bewegungsdaten

## Aufgabe 214

*Was versteht man unter einem Datensatz?*

(1) Datensätze können ausschließlich aus einem Zeichen bestehen.
(2) Als Datensatz bezeichnet man z. B. alle strukturierten Informationen zu einem Artikel.
(3) Als Datensatz bezeichnet man z. B. das Feld „Kundennummer" in einer Kundendatei.
(4) Als Datensatz bezeichnet man mehrere verwandte Dateien.
(5) Von Datensätzen spricht man bei der Eingabe von Texten innerhalb einer Textverarbeitung.

## Aufgabe 215

*Bestimmen Sie, welche Aussage über eine Datei zutrifft.*

(1) Eine Datei kann nur Satz für Satz verarbeitet werden und nicht in beliebiger Reihenfolge.
(2) Eine auf USB-Stick gespeicherte Datei ermöglicht nur einen direkten Zugriff.
(3) Eine Datei ist die systematische Sammlung sachlich zusammengehöriger Datensätze.
(4) Eine Bestandsdatei kann nicht fortgeschrieben werden.
(5) Eine Stammdatei wird durch Bewegungsdaten aktualisiert.

## Aufgabe 216

*Was bezeichnet man als ,,alphanumerische Daten"?*

(1) Nur Zahlen, bestehend aus den Ziffern 0 bis 9.
(2) Zeichenfolgen, gebildet aus den Buchstaben A bis Z.
(3) Alle Sonderzeichen, wie Komma, Doppelpunkt usw.

(4) Die Kombination von Buchstaben, Zahlen und Sonderzeichen.
(5) Die Kombination von Buchstaben und Sonderzeichen.

## Aufgabe 217

*Ordnen Sie zu, indem Sie die Kennziffern von drei der insgesamt sechs Ordnungssysteme in die Kästchen bei den Arten von Unterlagen eintragen.*

**Ordnungssysteme**

(1) numerische Ordnung
(2) sachliche Ordnung
(3) chronologische Ordnung
(4) alphabetische Ordnung
(5) dekadische Ordnung
(6) alphanumerische Ordnung

**Arten von Unterlagen**

| | |
|---|---|
| Sammlung technischer Normen, Berichte über Messebesuche jeweils in getrennten Ordnern | ☐ |
| Artikelstammblätter nach der ABC-Ordnung und dem Dezimalsystem | ☐ |
| Tägliche Bestandsmeldungen fortlaufend nach Datum | ☐ |

## Aufgabe 218

*In welchem Teil einer DV-Anlage befindet sich das Programm während der Verarbeitung?*

(1) In der Zentraleinheit/im Hauptspeicher.
(2) Im Offline-Verfahren.
(3) Auf einem externen Speicher.
(4) In der Eingabeeinheit.
(5) In der Ausgabeeinheit.

## Aufgabe 219

*Was ist ein Eingabegerät?*

(1) Ein Laserdrucker.
(2) Ein Lautsprecher.
(3) Das Steuerwerk.

(4) Ein Plotter.
(5) Ein Belegleser.

## Aufgabe 220

*Ordnen Sie zu, indem Sie die Kennziffern von drei der insgesamt sechs Tätigkeiten in die Kästchen bei den Bereichen der EDV eintragen.*

**Tätigkeiten**

(1) Einlesen der Kundennummer vom USB-Stick in den Arbeitsspeicher
(2) Einstecken des USB-Sticks durch den Sachbearbeiter
(3) Weitergabe der Rechnungen an die Buchhaltung
(4) Berechnung des Gesamtpreises aus Stückzahl x Einzelpreis im Prozessor
(5) Drucken der Rechnung
(6) Lesen der Bedienungsanweisung des Programms

**Bereiche der EDV**

Dateneingabe ☐

Datenverarbeitung ☐

Datenausgabe ☐

## Aufgabe 221

*Sie geben die Anschrift eines neuen Lieferanten in das WWS ein und benutzen für die Postleitzahl die Ziffer 611. Der Bildschirm zeigt an, dass die Eingabe dieser Ziffer so nicht möglich ist. Mit welcher Schutzfunktion ist das Programm ausgestattet?*

(1) Speicherschutz
(2) Datenverschlüsselung
(3) Datenschutzfunktion nach dem Datenschutzgesetz
(4) Plausibilitätskontrollfunktion
(5) Kopierschutz

---

### Situation zu den Aufgaben 222 bis 225:

Die Vorgesetzte der DV-Abteilung erläutert Ihnen die Bedeutung des Datenschutzes. Die Abteilung hat eine Mitarbeiterin beauftragt, die bei der Verarbeitung von personenbezogenen Daten Missbrauch verhindern soll.

## Aufgabe 222

*Wer nimmt diesen Auftrag wahr?*

(1) Der Betriebsratsvorsitzende.
(2) Der Sicherheitsbeauftragte.
(3) Die Prokuristin.
(4) Der Datenschutzbeauftragte.
(5) Die Fachkraft für Arbeitssicherheit.

## Aufgabe 223

*Welche Daten fallen unter den besonderen Schutz des Datenschutzgesetzes?*

(1) Die Anzahl der Beschäftigten.
(2) Die namentlich zugeordneten Eintrittsdaten der Mitarbeitenden.
(3) Die Verteilung des Jahresumsatzes auf die Betriebsbereiche.
(4) Der erzielte Jahresgewinn der Teekontor Hein KG des letzten Jahres.
(5) Die Statistik zur Verteilung der Anzahl der Beschäftigten in die allgemeinen Kategorien m/w/d.

## Aufgabe 224

*Die Teekontor Hein KG speichert elektronisch die personenbezogenen Daten von Kunden in der Kundendatei. Prüfen Sie, mit welcher Vorsorge dem Bundesdatenschutzgesetz entsprochen werden kann.*

(1) Alle Mitarbeiter/-innen haben Zugang zu den Daten durch ihre tägliche Anmeldung im WWS.
(2) Vor jedem Zugang muss die/der Datenschutzbeauftragte gefragt werden.
(3) Durch Zugriffsberechtigungen ist zu gewährleisten, dass Unbefugte keinen Zugang zu den Daten haben.
(4) Vor jedem Zugang ist die Erlaubnis der Vorgesetzten per E-Mail einzuholen.
(5) Nur die Geschäftsleitung hat Zugang zu diesen Daten.

## Aufgabe 225

*In welcher der nachfolgenden Situationen kann ein betroffener Kunde die Weitergabe seiner Daten verbieten?*

(1) Weitergabe seiner im WWS gespeicherten Daten zum Zwecke der Werbung.
(2) Weitergabe seiner im Handelsregister eingetragenen Daten.
(3) Weitergabe seiner Daten aus dem Branchenverzeichnis.
(4) Weitergabe seiner Daten aus dem Telefonbuch.
(5) Weitergabe seiner Daten aus seiner Webseite im Internet

## Situation zu den Aufgaben 226 bis 232:

Sie sollen eine Betriebsbesichtigung der Teekontor Hein KG durch die Mitschüler/-innen in der Berufsschule vorbereiten. Sie beschäftigen sich mit der Betriebsorganisation der Teekontor Hein KG.

### Aufgabe 226

*Welche der folgenden Planungen gehört zur Aufbauorganisation?*

(1) Vorschlag zur besseren Nutzung der Teemischmaschine
(2) Änderungsantrag zur Optimierung der Lagerplätze
(3) Antrag zur Einrichtung von drei Schichtleiterstellen mit Weisungsbefugnis der übergeordneten Abteilungsleiterin Kommissionierung
(4) Planung der neuen Wegenutzung für die drei im Lager eingesetzten Schlepper
(5) Urlaubsplanung der Mitarbeiter/-innen im Verpackungsbereich

### Aufgabe 227

*Ihre Mitschüler/-innen aus der Berufsschule sollen in Ihrem Vortrag über den Materialfluss in der Teekontor Hein KG informiert werden. Bringen Sie die folgenden Arbeitsschritte des Warenflusses in die richtige Reihenfolge, indem Sie die Ziffern 1 bis 7 in die Kästchen eintragen.*

Eigentliche Lagerung ☐

Warenkontrolle ☐

Verpackung ☐

Vorverpackung ☐

Versand ☐

Wareneingang ☐

Kommissionierung ☐

## Aufgabe 228

*Ordnen Sie zu, indem Sie die Kennziffern von drei der insgesamt sechs Tätigkeiten in die Kästchen neben den betrieblichen Teilbereichen eintragen.*

**Tätigkeiten**
(1) Güterfluss zeitlich und örtlich organisieren
(2) anfallende Kosten und Arbeitsabläufe überprüfen
(3) Garantie- und Kulanzfälle bearbeiten
(4) Einstellen einer neuen Mitarbeiterin
(5) Einzelteile endmontieren
(6) Materialein- und -ausgänge buchen

**Abteilungen**

Produktion ☐

Logistik ☐

Controlling ☐

## Aufgabe 229

*Der Wareneinkauf der Teekontor Hein KG bekommt von einem Lieferanten eine Bestellbestätigung und einen Liefertermin. Welche Stelle in welcher Abteilung müssen Sie über die bevorstehende Anlieferung informieren?*

(1) Die Buchhaltung in der Verwaltung.
(2) Die Retourenabteilung.
(3) Den Warenausgang im Versand.
(4) Die Reklamationsbearbeitung im Warenverkauf.
(5) Den Wareneingang im Lager.

## Aufgabe 230

*Die Teekontor Hein KG möchte Container an einen Kunden in Übersee verschiffen. Welche Abteilung muss die benötigten Überseecontainer anfordern?*

(1) Buchhaltung
(2) Einkaufsabteilung
(3) Lagerverwaltung
(4) Wareneingangsabteilung
(5) Versandabteilung

## Aufgabe 231

*Die Verkaufsabteilung der Teekontor Hein KG möchte eine exklusive Teemischung „Sunrise“ zu einem Nettoverkaufspreis von 120,00 € je Kilogramm in ihr Sortiment aufnehmen. Welcher Vertriebsweg kommt für diesen Plan **nicht** infrage?*

(1) Verkauf an 5-Sterne-Hotelketten
(2) Onlinehandel
(3) Verkauf an Privatkliniken
(4) Verkauf an Teefachgeschäfte
(5) Verkauf an Discounterketten

## Aufgabe 232

*Die Teekontor Hein KG verpackt für andere Firmen im Auftrag. Für die Firma Civic GmbH übernimmt die Teekontor Hein KG **alle** anfallenden Verpackungsarbeiten. Welchen Vertrag haben die beiden Firmen ausgehandelt?*

(1) Franchising
(2) Outsourcing
(3) Fiskalvertrag
(4) Streckengeschäft
(5) Spezifikationskauf

---

### Situation zu den Aufgaben 233 bis 254:

Sie wechseln in die Abteilung Wareneinkauf der Teekontor Hein KG. Dort beschäftigen Sie sich vorrangig mit dem Einholen von Angeboten verschiedener Lieferanten.

## Aufgabe 233

*Was dient dem Einkauf der Teekontor Hein KG in erster Linie für die Bedarfsermittlung?*

(1) Der gewissenhafte Aufbau des Lagers, der Lagereinrichtungen und der Aufbau eines Lagerplans.
(2) Die Mitwirkung der Teekontor Hein KG bei der Produktgestaltung durch die Entwicklung handelsgerechter Versandeinheiten und Packungsinhalte.

(3) Das Auswerten von Umsatzstatistiken, Marktberichten, Erwartungen und Schätzungen des künftigen Absatzes.
(4) Die Informationsgewinnung aus Adressbüchern und Fachzeitschriften sowie auf Messen und Ausstellungen.
(5) Das sorgfältige Auswerten von Lieferungs- und Zahlungsbedingungen aller eingeholten Angebote.

## Aufgabe 234

*Welcher Sachverhalt charakterisiert die „optimale Bestellmenge“?*

(1) Sie ist gegeben, wenn der Käufer durch eine kleine Bestellung keinen Nachteil beim Einkaufspreis hat.
(2) Sie ist gegeben, wenn Lieferanten und Käufer mit den vereinbarten Preisen und Bedingungen zufrieden sind.
(3) Sie ist gegeben, wenn der Käufer durch Abnahme großer Warenmengen hohe Mengenrabatte erhält.
(4) Sie ist gegeben, wenn die Summe der Bezugs- und Lagerkosten je Stück ein Minimum erreicht.
(5) Sie ist gegeben, wenn die Bestellmenge so groß ist, dass der Lieferantbereit ist, dem Käufer günstigere Zahlungsbedingungen zu gewähren als der Konkurrenz.

## Aufgabe 235

*Bestimmen Sie welche Aussage über den Meldebestand richtig ist.*

(1) Der Meldebestand wird auch als „eiserner Bestand“ bezeichnet.
(2) Der Meldebestand ist stets höher als der Mindestbestand.
(3) Der Meldebestand und der Mindestbestand sind gleich hoch.
(4) Der Meldebestand darf keinesfalls unterschritten werden.
(5) Der Meldebestand wird auch als optimaler Lagerbestand bezeichnet.

## Aufgabe 236

*Die Teekontor Hein KG verkauft von den Kisten mit Golden Assam täglich durchschnittlich 40 Stück. Die Lieferzeit beträgt 8 Tage. Wie viel Stück beträgt der Meldebestand, wenn der Mindestbestand (eiserner Bestand) für 6 Tage reichen soll?*

## Aufgabe 237

*In welchem Fall muss der Meldebestand erhöht werden?*

(1) Wenn der tägliche Absatz sinkt und die Beschaffungszeit gleichbleibt.
(2) Wenn der tägliche Absatz gleichbleibt und die Beschaffungszeit sich verkürzt.
(3) Wenn der Höchstbestand erhöht wird und der Mindestbestand gleichbleibt.
(4) Wenn der Höchstbestand gleichbleibt und der Mindestbestand gesenkt wird.
(5) Wenn der tägliche Absatz gleichbleibt und die Beschaffungszeit sich verlängert.

## Aufgabe 238

*Der aktuelle Lagerbestand an „Darjeeling First Flush" beträgt 3900 kg. Der durchschnittliche Tagesabsatz beträgt 300 kg und der Mindestbestand 1200 kg. Für den Bestellvorgang wird 1 Tag veranschlagt, die Lieferzeit beträgt 5 Tage. Berechnen Sie nach wie vielen Tagen neue Ware bestellt werden muss.*

## Aufgabe 239

*Der Einkaufsleiter beabsichtigt, einen neuen Gabelhubwagen anzuschaffen. Er richtet dafür eine Anfrage an einen Hersteller. Geben Sie an, welchen Zweck eine solche Anfrage erfüllt.*

(1) Sie dient der Informationseinholung für einen späteren Angebotsvergleich.
(2) Sie stellt die erste Willenserklärung dar, die je nach ihrer Verbindlichkeit zum Vertragsabschluss führt.
(3) Aus Anfrage und Angebot ergibt sich der Kaufvertrag.
(4) Durch eine Anfrage möchte ein Unternehmen sein Interesse an der Zahlungsfähigkeit des potenziellen Lieferanten äußern.
(5) Anfragen sind die Willenserklärungen, die im Rahmen des Erfüllungsgeschäftes für die Rechtswirksamkeit des Kaufvertrages sorgen.

## Aufgabe 240

*In welchem Fall gibt die Teekontor Hein KG ein rechtsverbindliches Angebot ab?*

(1) Sie lässt Handzettel an alle branchentypischen Einzelhändler in der Stadt verteilen.
(2) Sie veröffentlicht in einer Tageszeitung eine Anzeige mit verbindlicher Preisangabe.
(3) Sie schaltet eine Werbeanzeige in einer Fachzeitschrift mit Angabe von Preisen.
(4) Sie macht allen Neukunden ein schriftliches Angebot mit dem Hinweis „freibleibend".
(5) Sie bietet einem Stammkunden telefonisch einen Sonderposten zu besonders günstigen Preisen an.

## Aufgabe 241

*Die Teekontor Hein KG unterbreitet einem Einzelhändler ein schriftliches Angebot über Waren zu einem besonders günstigen Preis. Im Schreiben fehlt jeder Hinweis darüber, wie lange dieses Angebot verbindlich ist. Wie lange ist die Teekontor Hein KG an das Angebot gebunden?*

(1) Die Teekontor Hein KG ist zwar unbefristet an das Angebot gebunden, kann aber durch nachträgliche schriftliche Erklärung das Angebot für ungültig erklären.
(2) Das Angebot ist so lange bindend, wie die Teekontor Hein KG unter verkehrsüblichen Umständen eine Antwort erwarten kann.
(3) Die Teekontor Hein KG ist ohne zeitliche Beschränkung an das Angebot gebunden, da es sich um ein Sonderangebot handelt.
(4) Die Teekontor Hein KG ist überhaupt nicht an das Angebot gebunden, da ein einschränkender Hinweis fehlt.
(5) Die Bindung an das Angebot erlischt nach einer Frist von 6 Wochen.

## Aufgabe 242

*Ordnen Sie zu, indem Sie die Kennziffern von drei der insgesamt sechs Preisabschläge oder Preiszuschläge in die Kästchen neben den Angeboten eintragen.*

**Preisabschläge**
(1) Rabatt
(2) Bonus
(3) Skonto
(4) Mindermengenzuschlag
(5) Frankogrenze
(6) Mindestabnahmemenge

**Angebote**

Bei Abnahme von mindestens 1 000 Stück wird am Ende des Quartals ein Nachlass von 2 % gewährt. ☐

Bei Abnahme von weniger als 100 Stück werden 5 % mehr berechnet. ☐

Bei Abnahme von mindestens 200 Stück wird ein Nachlass von 10 % gewährt. ☐

## Aufgabe 243

*In einem Angebot bietet der Lieferant die Lieferbedingung „frei“ an. Die Sendung soll mit der Bahn verschickt werden. Bestimmen Sie die Folgen für die Teekontor Hein KG, wenn sie dieses Angebot annähme.*

(1) Die Teekontor Hein KG zahlt keine Versandkosten.
(2) Der Lieferant übernimmt die Versandkosten bis zum Bestimmungsbahnhof.
(3) Der Lieferant übernimmt das Transportrisiko.
(4) Es ist die günstigste Lieferungsbedingung für die Teekontor Hein KG.
(5) „Frachtfrei“ bzw. „frei“ ist die gesetzliche Regelung. Diese gilt immer, wenn nichts vereinbart ist.

## Aufgabe 244

*Die Lieferungsbedingung in einem Angebot lautet „ab Werk“. Die Fracht beträgt 60,00 €, die Hausfracht Versand 10,00 €, die Hausfracht Empfang 15,00 €.*

*Wie viel Euro Bezugskosten hat die Teekontor Hein KG zu zahlen?*

## Aufgabe 245

*Bei welcher Vertragsklausel entstehen für den Verkäufer die geringsten Kosten durch die Versandverpackung?*

(1) „Verpackung frei"
(2) „Bei frachtfreier Rücksendung der Leihverpackung werden 50 % des berechneten Wertes gutgeschrieben."
(3) „Bei Rückgabe der Leihverpackung erfolgt Gutschrift des berechneten Wertes."
(4) „Preis netto einschließlich Verpackung"
(5) „Preis netto ausschließlich Verpackung"

## Aufgabe 246

*Was bedeutet die Bedingung „brutto für netto" in einem Angebot?*

(1) Für die Verpackung wird der gleiche Preis wie für die Ware berechnet.
(2) Der Lieferant trägt die Verpackungskosten.
(3) Die Verpackung muss zurückgeschickt werden.
(4) Die Verpackung wird zum Selbstkostenpreis berechnet.
(5) Die Durchschnittstara wird berechnet.

## Aufgabe 247

*Berechnen Sie den Bezugspreis netto für die Teekontor Hein KG bei verschiedenen vertraglichen Verpackungsvereinbarungen zu folgenden Kosten:*

*Preis der Ware: 5,00 € je kg Nettogewicht*

*Bruttogewicht Packstück: 150 kg*

*Tara: 2 kg*

*Kosten Versandverpackung: 7,50 €*

*bei*

a) netto einschließlich Verpackung
b) netto ausschließlich Verpackung

## Aufgabe 248

*Was ist der gesetzliche Erfüllungsort für die Lieferung einer Ware?*

(1) Es handelt sich um den Ort, an dem der Lieferant seinen Wohn- oder Geschäftssitz hat.

(2) Es handelt sich um den Ort, der zwischen den Vertragspartnern vereinbart ist.
(3) Es handelt sich um den Ort, an dem die Leistung ihrer Natur oder den Umständen nach zu bewirken ist.
(4) Es handelt sich um den Ort, der im Angebot oder in der Bestellung genannt ist.
(5) Es handelt sich um den Ort, an dem der Käufer seinen Wohn- oder Geschäftssitz hat.

## Aufgabe 249

*Bestimmen Sie, was man unter den Allgemeinen Geschäftsbedingungen versteht.*

(1) Vertragliche Regelungen für die es keine gesetzlichen Vorschriften gibt.
(2) Alle für eine Vielzahl von Verträgen vorformulierten Vertragsbedingungen.
(3) Die Gesamtheit aller für einen einzelnen Vertrag ausgehandelten Vertragspunkte.
(4) Die gesetzlich vorgeschriebenen Lieferungs-, Zahlungs- und sonstigen Bedingungen zur Gestaltung von Kaufverträgen.
(5) Die Sorgfaltspflicht von Kaufleuten gemäß den Bestimmungen des HGB.

## Aufgabe 250

*Die Teekontor Hein KG erhält von den Firmen Meyer GmbH und der Obstbaugenossenschaft Plön eG jeweils ein Angebot für Säcke mit Trockenobst zum Früchteteemischen mit unterschiedlichen Konditionen, jedoch bei gleicher Qualität der Waren.*

| | Meyer GmbH | Plön eG |
|---|---|---|
| Menge | 1 000 Stück | 1 000 Stück |
| Preis je Stück: | 10,00 € | 10,00 € |
| Mengenrabatt | 10 % | 15 % |
| Lieferung | frei Haus | unfrei<br>Fracht 300,00 € |
| Transportversicherung für den Käufer | 50,00 € je 1 000 Stück | 40,00 € je 1 000 Stück |

*Wie viel Euro beträgt der Bezugspreis je Stück des günstigeren Angebotes?*

## Aufgabe 251

*Im Angebot eines Lieferanten steht: „Die Lieferung erfolgt frei Haus, die Zahlung sofort netto ohne Skonto." In derKalkulation ermittelt die Teekontor Hein KG folgende Werte:*

*Listeneinkaufspreis: 400,00 €*

*Bezugspreis: 300,00 €*

*Berechnen Sie, wie viel Prozent der Einkaufsrabatt beträgt.*

## Aufgabe 252

*Die Teekontor Hein KG erhält die Anfrage eines Einzelhändlers und unterbreitet daraufhin ein freibleibendes Angebot. Der Einzelhändler bestellt und erhält nach sofortiger Lieferung noch eine schriftliche Auftragsbestätigung der Teekontor Hein KG. Wodurch ist der Kaufvertrag zustande gekommen?*

(1) Durch Anfrage und freibleibendes Angebot.
(2) Durch Anfrage und Auftragsbestätigung.
(3) Durch freibleibendes Angebot und Bestellung.
(4) Durch freibleibendes Angebot und Lieferung.
(5) Durch Bestellung und Lieferung.

## Aufgabe 253

*Welcher Begriff stellt einen Antrag auf Abschluss eines Kaufvertrags dar?*

(1) Bedarfsmeldung
(2) Lieferschein
(3) Bestellung
(4) Auftragsbestätigung
(5) Anfrage

## Aufgabe 254

*In der Einkaufsabteilung der Teekontor Hein KG liegen folgende Geschäftsfälle zur Überprüfung vor. Entscheiden Sie, in welchem Fall ein Kaufvertrag durch zwei übereinstimmende Willenserklärungen zustande gekommen ist.*

(1) Die Teekontor Hein KG bestellt schriftlich auf ein unverbindliches telefonisches Angebot.
(2) Die Teekontor Hein KG fragt bei der Meyer GmbH an, ob eine bestimmte Ware zum Höchstpreis von 60,00 € geliefert werden kann. In dem folgenden schriftlichen Angebot teilt die Meyer GmbH mit, dass die Ware sofort für 55,00 € geliefert werden kann.
(3) Die Teekontor Hein KG bestellt am 15. Juni nach einem schriftlichen Angebot Waren, die spätestens am 30. Juni geliefert werden sollen. Im Angebot vom 12. Juni hieß es u. a. „Lieferzeit 4 Wochen".
(4) Die Teekontor Hein KG will auf einer Ausstellung der Plön eG einen Artikel bestellen und äußert diesen Wunsch dem Verkäufer gegenüber.
(5) Die Teekontor Hein KG bestellt aufgrund eines schriftlichen Angebotes 12 Stück zu je 17,50 €. Im Angebot hieß es u. a.: „Preis je Stück 20,00 €, bei Abnahme von mindestens 10 Stück 17,50 € je Stück."

# 3. Qualitätssichernde Arbeitsorganisation

## Situation zu den Aufgaben 255 bis 265:

Die Teekontor Hein KG importiert zumeist per Schiffstransport verschiedene Teesorten aus Übersee und exportiert in andere europäische und außereuropäische Länder.

### Aufgabe 255

*Aus welchem Grund sind Einfuhrerklärungen für genehmigungsfreie Importe zu erstellen?*

(1) Um die Einfuhrmenge kontingentieren/beschränken zu können.
(2) Um die Einfuhren statistisch erfassen zu können.
(3) Um die Einfuhr bestimmter Waren zu verhindern.
(4) Um einen Versandnachweis für die Bank des Importeurs zu erhalten.
(5) Es ist eine Vorsichtsmaßnahme, falls die Ware doch nicht genehmigungsfrei sein sollte.

## Aufgabe 256

*Welches Formular ist ein amtliches Dokument für den Import?*

(1) Konnossement
(2) Spediteur-Übernahmebescheinigung
(3) Handelsrechnung
(4) Einfuhrerklärung
(5) Versicherungspolice

## Aufgabe 257

*Die Teekontor Hein KG kauft Produkte in Fernost und verkauft sie an deutsche Einzelhändler. Welche Auswirkung hat für die Teekontor Hein KG eine Senkung der Importzölle auf Tee und andere Importprodukte?*

(1) Sie muss die Preissenkungen an die Einzelhändler weitergeben und wird daher weniger Gewinn erzielen.
(2) Die Waren werden für sie teurer, sie erzielt aber höhere Verkaufspreise.
(3) Die Waren werden für sie teurer, daher muss sie Gewinnausfälle und Kundenverluste befürchten.
(4) Die Waren werden für sie preiswerter, da ihre Bezugskosten geringer werden.
(5) Die Waren werden für sie preiswerter, weil die fernöstlichen Anbieter ihre Verkaufspreise den Zollveränderungen anpassen mussen.

## Aufgabe 258

*Im Hamburger Hafen liegt Tee, den die Teekontor Hein KG aus Sri Lanka importiert hat, nach der Zollbeschau im Zolllager. Wie kann weiter mit dem Tee verfahren werden?*

(1) Ein Kunde der Teekontor Hein KG kann nach Entrichtung des Importzolls den Tee aus dem Zolllager abholen.
(2) Die Ware muss als Zollgut noch weitere 7 Tage im Zolllager verbleiben.
(3) Erst nach der Beschau durch einen Zolldeklaranten kann die Ware zum Freigut werden.
(4) Die Zollabfertigung kann erst beendet werden, wenn der Zollbefund durch einen Deklaranten beurkundet wird.
(5) Die Teekontor Hein KG muss den Zoll innerhalb von 7 Werktagen entrichten.

## Aufgabe 259

*Bestimmen Sie, welche Aussage auf den direkten Export zutrifft.*

(1) Direkter Export liegt vor, wenn an einen Exportgroßhändler in Deutschland verkauft wird.
(2) Beim direkten Export werden häufig Reisende oder Handelsvertreter im Ausland als Absatzvermittler eingesetzt.
(3) Der direkte Export bringt dem Unternehmen den Vorteil, dass das Exportrisiko ausgeschaltet ist.
(4) Beim direkten Export ist das Kreditrisiko des Unternehmens immer geringer als beim indirekten Export.
(5) Der direkte Export ist grundsätzlich genehmigungspflichtig.

## Aufgabe 260

*Zu welchem Zweck wurden die Incoterms®[1] geschaffen?*

(1) Zur Vereinfachung des Zahlungsverkehrs.
(2) Zur Verhinderung von Dumpingpreisen bei Exporten.
(3) Zur einheitlichen Auslegung der Lieferungsbedingungen im Außenhandel.
(4) Zur Angleichung der internationalen Zölle.
(5) Zur Vereinfachung der Kontrolle im Außenhandel

## Aufgabe 261

*Ordnen Sie zu, indem Sie die Kennziffern von drei der insgesamt sechs internationalen Lieferungsbedingungen in die Kästchen bei den Erläuterungen eintragen.*

---

*[1] Für die Nutzung der Incoterms® in einem Vertrag empfiehlt sich die Bezugnahme auf den Originaltext des Regelwerks. Incoterms® ist eine eingetragene Marke der Internationalen Handelskammer (ICC). Incoterms®2020 ist einschließlich aller seiner Teile urheberrechtlich geschützt. Die ICC ist Inhaberin der Urheberrechte an den Incoterms® 2020. Bei den vorliegenden Ausführungen handelt es sich um inhaltliche Interpretationen zu den von der ICC herausgegebenen Lieferbedingungen durch die Autoren. Diese sind für den Inhalt, Formulierungen und Grafiken in dieser Veröffentlichung verantwortlich. Der Originaltext kann über ICC Germany unter www.iccgermany.de und www.incoterms2020.de bezogen werden.*

**Incoterms**

(1) FOB
(2) CIF
(3) CIP
(4) FCA
(5) DDP
(6) EXW

**Erläuterungen**

| | |
|---|---|
| Der Lieferant trägt die Kosten einschließlich der Versicherung bis zum Bestimmungshafen. | ☐ |
| Der Lieferant trägt alle Kosten bis zum Sitz des Importeurs. | ☐ |
| Der Lieferant trägt die Kosten bis an Bord des Seeschiffes. | ☐ |

**Aufgabe 262**

*Die Teekontor Hein KG liefert Ware nach Sydney und hat mit dem dortigen Käufer Lieferung FOB Bremen vereinbart. Es entstehen folgende Kosten:*

| | |
|---|---:|
| *Hausfracht Inland* | *130,00 €* |
| *Fracht bis Kai Bremen* | *1.340,00 €* |
| *Schiffsverladungskosten* | *420,00 €* |
| *Seefracht bis Sydney* | *3.680,00 €* |
| *Versicherung für Seetransport* | *630,00 €* |
| *Hausfracht Ausland* | *910,00 €* |

*Welchen Gesamtbetrag hat die Teekontor Hein KG aufgrund der Vereinbarung zu tragen?*

**Aufgabe 263**

*Bestimmen Sie, welche Aussage zu den Incoterms® richtig ist.*

(1) Bei DDP trägt der Käufer alle Kosten ab dem Bestimmungshafen.
(2) Bei FOB trägt der Verkäufer die Gefahren ab dem Zeitpunkt, zu dem die Ware im Verschiffungshafen auf dem Schiff abgesetzt wird.

(3) Bei FCA trägt der Käufer die Kosten und Gefahren ab dem Zeitpunkt, zu dem die Ware das Werk des Importeurs erreicht hat.
(4) Bei FOB trägt der Käufer die Gefahren ab dem Zeitpunkt, zu dem die Ware im Verschiffungshafen auf dem Schiff abgesetzt wird.
(5) DDP ist für den Exporteur der günstigste Incoterm.
(6) FOB und CIF unterscheiden sich nur durch den Zeitpunkt des Gefahrenübergangs der Waren.

## Aufgabe 264

*Welche Bedeutung hat die Lieferbedingung „CIF"?*

(1) Der Lieferant trägt die Kosten und die Gefahr bis sich die Ware an Bord des Schiffes befindet.
(2) Der Lieferant trägt alle Kosten und die Gefahr bis ins Lager des Käufers.
(3) Der Lieferant trägt alle Kosten einschließlich Versicherungsprämie und Seefracht bis zum Bestimmungshafen.
(4) Der Käufer trägt alle Kosten einschließlich Versicherungsprämie und Seefracht bis zum Bestimmungshafen.
(5) Der Käufer trägt die Kosten vom Lager des Verkäufers bis an Bord des Schiffes.
(6) Der Lieferant trägt die Kosten und die Gefahr bis zur Verladestation des Hafens.

## Aufgabe 265

*Beim Transport einer Exportsendung Tee an den „Thehandel Nielsen" in Aalborg entstehen folgende Kosten:*

| | |
|---|---|
| *Hausfracht Export* | *60,00 €* |
| *Beladen des Schiffes in Hamburg* | *75,00 €* |
| *Seefracht nach Aalborg* | *400,00 €* |
| *Seeversicherung* | *150,00 €* |
| *Löschen in Aalborg* | *500,00 DKK* |
| *Hausfracht Import* | *240,00 DKK* |

*Der „Thehandel Nielsen" in Aalborg übernimmt für den Import insgesamt 4.865,00 Dänische Kronen (DKK) an Transportkosten, wobei ein Kurs von 7,5 DKK/€ angenommen wurde.*

*Welches Incoterm wurde im Kaufvertrag vereinbart?*

(1) EXW
(2) FCA
(3) FAS
(4) FOB
(5) CIF
(6) DDP

---

**Situation zu den Aufgaben 266 bis 276:**

Sie bereiten ein Referat für die Berufsschule vor. Dort sollen Sie die verschiedenen Möglichkeiten zur Qualitätssicherung erörtern.

**Aufgabe 266**

*Welche Maßnahme der Unternehmensleitung widerspricht dem Prinzip des „Lean Management"?*

(1) Entscheidungen werden zunehmend im Team getroffen.
(2) Es gilt die „Open Door Policy" mit offenen Bürotüren zur schnelleren Kommunikation.
(3) Jeden Freitag ab 17:00 Uhr werden alle Angestellten vom Büroboten bis zur Abteilungsleiterin zum geselligen Beisammensein eingeladen.
(4) Für die Bearbeitung von Kundenaufträgen der Stammkunden werden Projektteams gebildet.
(5) Zwischen Abteilungsleitung und Sachbearbeitung wird die neue Managementebene Bereichsleitung etabliert.

**Aufgabe 267**

*Was versteht man in der Logistik unter „Total Quality Management" (TQM)?*

(1) Die ständige Verbesserung der Arbeitsprozesse.
(2) Gruppenarbeit in Eigenverantwortung.
(3) Das Streben nach höchstmöglicher Qualität.
(4) Die Standardisierung von Arbeitsabläufen.
(5) Ständige und umfassende Kundenbetreuung.

## Aufgabe 268

*Es soll die Einführung eines Kontinuierlichen Verbesserungsprozesses (KVP)geplant werden. Bringen Sie die folgenden Planungsstufen in die richtige Reihenfolge, indem Sie die Ziffern 1 bis 6 neben den Vorgängen/Planungsstufen eintragen.*

| | |
|---|---|
| Information und Einbindung der Mitarbeiter/-innen | ☐ |
| Controlling, Feedback und Visualisierung | ☐ |
| Strategische Planung der Ziele und Rahmenbedingungen | ☐ |
| Analyse der Ist-Situation, Sammlung von Problemen | ☐ |
| Generierung und Umsetzung von Maßnahmen | ☐ |
| Information und Einbindung der Führungskräfte | ☐ |

## Aufgabe 269

*Die Teekontor Hein KG legt großen Wert auf Einhaltung von globalen Arbeitsschutzbestimmungen beim Einkauf ihrer Produkte in der Lieferkette und fragt in regelmäßigen Abständen bei indischen Fachexporteuren nach dem Lebensalter, der täglichen Arbeitszeit und den Arbeitspausen der Teepflücker/-innen in den verschiedenen Teegärten. Die Ergebnisse dieser Befragung werden in Fachzeitschriften veröffentlicht. Welche Auswirkung dieser Maßnahme lässt sich **nicht** direkt erreichen?*

(1) In Indien werden keine Kinder mehr als Teepflücker/-innen beschäftigt.
(2) Die Sorgfalt in der Lieferkette fördert das Image der Teekontor Hein KG.
(3) Die Veröffentlichung lässt andere deutsche Teeimporteure aufmerksamer werden.
(4) Die Veröffentlichung erleichtert das Vermarkten der indischen Teesorten.
(5) Im Sektor Teehandel wird auch in den Herstellerländern für die Einhaltung der Nachhaltigkeit Interesse geweckt.

## Aufgabe 270

*Zu welcher Prüfung ist die Teekontor Hein KG nach dem Lieferkettensorgfaltspflichtgesetz LkSG verpflichtet?*

(1) Überprüfen des Mindestalters der Pflücker/-innen in den ausländischen Teegärten als Zweitlieferant.
(2) Erstlieferant.
(3) Überprüfen der gerechten Lohnzahlung an die LKW-Fahrer/-innen im internationalen Transport für die Hein KG als Dienstleister.
(4) Überprüfen der Sozialräume und deren Ausstattung in den Teefachgeschäften als Kundin/Kunde.
(5) Die Hein KG ist zu keiner Überprüfung verpflichtet, da sie nicht unter das LkSG fällt.

## Aufgabe 271

*Das Sortiment der Teekontor Hein KG umfasst 18 % Mengenanteil der A-Artikel, die 75 % des Umsatzes als Wertanteil der ABC-Analyse ausmachen. Welche Maßnahme können Sie bei der Behandlung der A-Artikel außer Acht lassen?*

(1) Die Namen der Stammkunden.
(2) Die optimale Bestellmenge.
(3) Die Warenpflege.
(4) Die Kontrolle der Lagerbestände.
(5) Die Bewegungsdaten der Kundendatei.

## Abbildung zu den Aufgaben 272 bis 273:

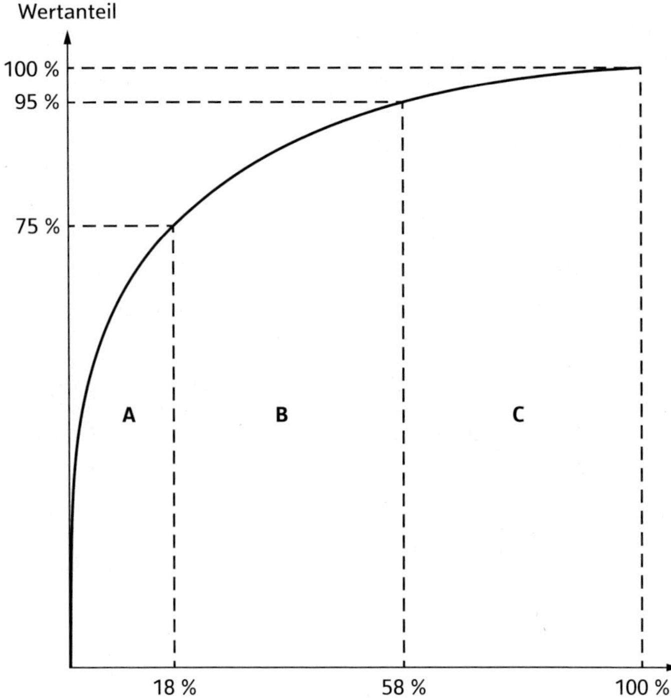


### Aufgabe 272

*Ermitteln Sie den Prozentanteil des Umsatzes (Wertanteil) der Warengruppe B.*

### Aufgabe 273

Bestimmen Sie den Prozentanteil an der Menge (Mengenanteil) bei Warengruppe C.

Tabellezu den Aufgaben 274 bis 276:

| Art | Anzahl | Prozentanteil Menge | Wert Artikel in € | Prozentanteil Wert |
|---|---|---|---|---|
| A | 220 | | 5.475.000 | |
| B | 520 | | | 19.8 |
| C | 1.260 | | | |
| Gesamt | 2.000 | 100 % | 7.500.000 | 100 % |

## Aufgabe 274

*Berechnen Sie für die A-Güter den noch fehlenden Prozentanteil an der Gesamtmenge.*

## Aufgabe 275

*Berechnen Sie für die B-Güter den noch fehlenden Wert der Artikel in Euro.*

## Aufgabe 276

*Berechnen Sie für die C-Güter den noch fehlenden Prozentanteil am Wert.*

## Aufgabe 277

*Bestimmen Sie wie die XYZ-Analyse die ABC-Analyse ergänzt.*

(1) Neben dem Mengenanteil wird zusätzlich der Absatzanteil ermittelt.
(2) Neben Umsatzanteil wird die Umschlagshäufigkeit berücksichtigt.
(3) Neben dem Verbrauch wird Verkaufsoptimierung angestrebt.
(4) Zu Saisonschwankungen im Absatz wird die Absatzmenge addiert.
(5) Die Just-in-time-Belieferung ist nur für die BY-Güter sinnvoll.

## Aufgabe 278

*Welcher der folgenden Artikel im Sortiment der Teekontor Hein KG ist ein AY-Artikel?*

(1) Assamtee aus Indien, der das ganze Jahr in großen Mengen umgesetzt wird.
(2) Darjeeling First Flush, der hochwertigste Tee der Ganzjahresartikel.
(3) Teekannen und Teegeschirr als Randsortiment.
(4) Die Winterteemischung „Kaminzauber“, die von Oktober bis Februar hohe Umsätze bringt.
(5) Die Öko-Kamille-Fenchelteemischung, die etwa 0,4 Prozent Umsatzanteil hat.

# 4. Arbeitssicherheit

**Aufgabe 279**

*Sie werden gefragt, wer im Unternehmen auf die Einhaltung der arbeitssicherheitlichen Vorschriften zu achten hat. Was antworten Sie?*

(1) Nur die im Sicherheitsdienst beschäftigten Personen.
(2) Nur der Unternehmer.
(3) Die Betriebsleitung, Meister und Vorarbeiter.
(4) Der Unternehmer selbst und alle Mitarbeitenden.
(5) Die Berufsgenossenschaften.

**Aufgabe 280**

*Welche Behörde erlässt die Unfallverhütungsvorschriften?*

(1) Die Industrie- und Handelskammer.
(2) Die Berufsgenossenschaft.
(3) Die Bundesversicherungsanstalt für Angestellte.
(4) Die Gewerbeaufsichtsämter.
(5) Die Gewerkschaften.

**Aufgabe 281**

*Welche Tätigkeit gehört zum Aufgabenbereich der Fachkraft für Arbeitssicherheit der Teekontor Hein KG?*

(1) Die Aufsicht über alle unterstellten Mitarbeitenden in fachlicher Hinsicht.
(2) Die Beratung des Arbeitgebers im Hinblick auf Diebstähle im Betrieb.

(3) Die Überprüfung neu eingestellter Mitarbeitender auf Seh- und Hörvermögen.
(4) Die Überprüfung der Teemischmaschinen auf ihre Funktionstüchtigkeit.
(5) Die Beratung des Arbeitgebers und der anderen für den Arbeitsschutz verantwortlichen Personen.

## Aufgabe 282

*Bringen Sie die folgenden Tätigkeiten bei der Gefährdungsbeurteilung nach dem Arbeitsschutzgesetz in die richtige Reihenfolge, indem Sie die Ziffern 1 bis 5 in die Kästchen neben den Tätigkeiten eintragen.*

| | |
|---|---|
| Bereitstellung der finanziellen Mittel und Durchführung der erforderlichen Arbeitsschutzmaßnahmen | ☐ |
| Festlegung der zu beurteilenden Arbeitsplätze | ☐ |
| Festlegung der erforderlichen Arbeitsschutzmaßnahmen an den Arbeitsplätzen | ☐ |
| Überprüfung der Wirksamkeit der festgelegten Arbeitsschutzmaßnahmen | ☐ |
| Ermittlung und Beurteilung der Gefährdungen an den Arbeitsplätzen | ☐ |

## Aufgabe 283

*In den nächsten Wochen haben sich ein Beauftragter der Gewerbeaufsicht und eine Vertreterin der Berufsgenossenschaft in der Teekontor Hein KG angekündigt. Unabhängig voneinander sollen in der Teekontor Hein KG die Betriebsräume und das Lager kontrolliert werden. Worauf achten der Beauftragte der Gewerbeaufsicht und worauf die Vertreterin der Berufsgenossenschaft?*

(1) Der Beauftragte der Gewerbeaufsicht untersucht die Lagerräume daraufhin, ob hier z. B. gesundheitsgefährdende Luftverhältnisse vorliegen. Die Vertreterin der Berufsgenossenschaft kontrolliert, ob die gesetzlichen Unfallverhütungsvorschriften auch im Lager eingehalten werden.
(2) Der Beauftragte der Gewerbeaufsicht untersucht die Lagerräume auf Unfallgefahren. Die Vertreterin der Berufsgenossenschaft überprüft, ob die Lagerräume ausreichend gegen Diebstahl geschützt sind.

(3) Der Beauftragte der Gewerbeaufsicht überprüft, ob die gesetzlichen Arbeitszeitregelungen eingehalten werden. Die Vertreterin der Berufsgenossenschaft kontrolliert, ob eine genügende Anzahl von Waschräumen zur Verfügung steht.
(4) Der Beauftragte der Gewerbeaufsicht überprüft, ob die Unfallverhütungsvorschriften im Lager der Teekontor Hein KG eingehalten werden. Die Vertreterin der Berufsgenossenschaft kontrolliert den Lastenaufzug im Lager auf seine Sicherheit.
(5) Der Beauftragte der Gewerbeaufsicht überprüft, ob das Lager der Teekontor Hein KG ausreichend gegen Wasserschäden und Brandgefahr gesichert ist. Die Vertreterin der Berufsgenossenschaft kontrolliert die Arbeitsräume und Maschinen daraufhin, ob ein gefahrloser Arbeitsbetrieb möglich ist und die Arbeitnehmer/-innen ausreichend gegen Gesundheitsrisiken geschützt sind.

## Aufgabe 284

*Ordnen Sie die Gefahren den persönlichen Schutzausrüstungen zu, indem Sie die Kennziffern in die Kästchen neben der Schutzausrüstung eintragen.*

**Gefahren**
(1) Gefahr von Unterkühlung
(2) reizende Gase, Dämpfe, Stäube
(3) Verspritzen von ätzenden Flüssigkeiten
(4) Hineintreten in spitze Gegenstände
(5) Herabfallen von Gegenständen

**Schutzausrüstung**

| | |
|---|---|
| Körperschutz | ☐ |
| Kopfschutz | ☐ |
| Fußschutz | ☐ |
| Atemschutz | ☐ |
| Gesichtsschutz | ☐ |

## Aufgabe 285

*Welche der folgenden Aufgaben haben Sie aufgrund der Bestimmungen des Arbeitsschutzgesetzes als Mitarbeiter/-in der Teekontor Hein KG?*

(1) Das Erstellen der Gefährdungsbeurteilung.
(2) Das Einkaufen von Staubmasken bei Bedarf.
(3) Das Auffüllen der Erste-Hilfe-Kästen.
(4) Das Tragen der persönlichen Schutzausrüstung.
(5) Das Überprüfen des Bodens auf Belastungsfähigkeit.

## Aufgabe 286

*Bei welchem Lager ist es erforderlich, immer Thermo-Schutzkleidung zu tragen?*

(1) Kühllager
(2) Freilager
(3) Gefriergutlager
(4) Gefahrgutlager
(5) Hochregallager

## Aufgabe 287

*Ein Auszubildender klagt darüber, dass er häufig in der Nähe von lauten Maschinen ohne Gehörschutz arbeiten soll. Seiner Meinung nach gibt es Bestimmungen für das Tragen von Schutzausrüstung. Wo kann er das nachlesen?*

(1) In den Unfallverhütungsvorschriften.
(2) In der Gewerbeordnung.
(3) Im Arbeitssicherheitsgesetz.
(4) Im Betriebsverfassungsgesetz.
(5) Im Arbeitsgerätegesetz.

## Aufgabe 288

*Ordnen Sie zu, indem Sie die Kennziffern von drei der insgesamt sechs Farben in die Kästchen bei den Bezeichnungen für die Gefahrenkennzeichnung eintragen.*

**Farben**
(1) Blau/Weiß
(2) Gelb/Schwarz
(3) Schwarz/Rot
(4) Grün/Weiß
(5) Weiß/Gelb
(6) Rot/Blau

## Gefahrenkennzeichnung

Warnzeichen ☐

Gebotszeichen ☐

Rettungszeichen ☐

**Aufgabe 289**

*Welchem Schild müssen Sie folgen, wenn eine Betriebsbegehung über den nächstgelegenen Rettungsweg beendet werden soll?*

(1) Schild mit rotem Grund und weißem Symbol
(2) Schild mit schwarzem Grund und gelbem Symbol
(3) Schild mit grünem Grund und weißem Symbol
(4) Schild mit blauem Grund und weißem Symbol
(5) Schild mit weißem Grund und rotem Symbol

**Aufgabe 290**

*In der Arbeitsstättenverordnung steht u. a., dass in Arbeits- und Lagerräumen mit mehr als 1000 m² Grundfläche Verkehrswege gekennzeichnet sein müssen. Welche Auswirkung hat diese Bestimmung auf ein Lager?*

(1) Nur in Lägern mit mehr als 1000 m² Grundfläche dürfen Förderzeuge eingesetzt werden.
(2) In Lägern mit mehr als 1000 m² Grundfläche dürfen Flurförderzeuge nur begrenzt eingesetzt werden.
(3) In Lägern mit mehr als 1000 m² Grundfläche müssen Geh- und Fahrwege durch Markierungen voneinander getrennt sein.
(4) Arbeitsräume mit mehr als 1000 m² Grundfläche müssen auch als Lagerräume gekennzeichnet sein.
(5) In Lagerräumen mit mehr als 1000 m² Grundfläche müssen die Arbeitsräume gekennzeichnet sein.

**Aufgabe 291**

*Bestimmen Sie, was das GS-Zeichen auf Geräten und Arbeitsmitteln bedeutet.*

(1) Das Gerät ist vom TÜV gefahrstoffgeprüft.
(2) Das Gerät ist vom Gewerbeaufsichtsamt grundlegend gesichert.
(3) Das Gerät ist von der europäischen Kommission gesichert.

(4) Das Gerät ist von der Industrie- und Handelskammer als grundsätzlich statthaft anerkannt.
(5) Das Gerät ist von den Berufsgenossenschaften auf Sicherheit geprüft.

## Aufgabe 292

*Warum wird bei der Beschaffung von Arbeitsmitteln in der Teekontor Hein KG darauf Wert gelegt, dass diese das „GS-Zeichen" tragen?*

(1) Weil die Hersteller nur ihre besten Produkte so kennzeichnen.
(2) Weil diese Produkte von der „Stiftung Warentest" getestet wurden.
(3) Weil die Gewerbeaufsicht diese Zeichen nur an sichere Produkte vergibt.
(4) Weil eine stattlich zugelassene Prüfstelle diese Produkte auf Produktsicherheit geprüft hat.
(5) Weil nur Produkte mit dem GS-Zeichen in Gewerbebetrieben eingesetzt werden dürfen.

## Aufgabe 293

*Welcher Vorgang ist im Chemikaliengesetz geregelt?*

(1) Der Schutz vor gefährlichen Stoffen.
(2) Das Inverkehrbringen von gefährlichen Stoffen.
(3) Der Transport von Gefahrgütern mit verschiedenen Verkehrsmitteln.
(4) Die Lagerung von Chemikalien mit Wassergefährdung.
(5) Die Zusammenladbarkeitsbestimmungen von Chemikalien.

## Aufgabe 294

*Welches Gesetz bzw. welche Verordnung regelt den Umgang und das Inverkehrbringen von gefährlichen Stoffen?*

(1) Das Chemikaliengesetz.
(2) Die Gefahrstoffverordnung.
(3) Die Verordnung über brennbare Flüssigkeiten.
(4) Die Gefahrgutbeauftragtenverordnung.
(5) Die Verordnung über wassergefährdende Stoffe.

## Aufgabe 295

*Wie sind Druckgasbehälter für Acetylen (Schweißgas) richtig zu lagern?*

(1) Aufrechtstehend oder liegend.
(2) Es gibt keine besonderen Ansprüche an die Lagerung
(3) Liegend auf Kragarmregalen.
(4) In einer rundum geschlossenen Lagerhalle ohne ex-geschützte Elektroinstallation.
(5) In einer gut durchlüfteten Lagerhalle stehend und gegen Umfallen gesichert.

## Aufgabe 296

*In einem offenen Lager ist ein Kanister mit Treibstoff großflächig ausgelaufen und hat sich entzündet. Welche Feuerlöscheinrichtung benutzen Sie, um diesen Brand zu löschen?*

(1) Sie schalten die $CO_2$-Anlage ein.
(2) Sie verwenden einen wassergefüllten Handfeuerlöscher.
(3) Sie verwenden eine Löschdecke.
(4) Sie verwenden einen pulvergefüllten Handfeuerlöscher.
(5) Sie schalten die Sprinkleranlage ein.

## Aufgabe 297

*Sie sollen eine Sicherheitsbegehung in einem Teillager der Teekontor Hein KG begleiten. Die einzelnen Brandabschnitte sollen auf ihren sicherheitstechnischen Zustand überprüft werden. Welche Beschreibung ist für einen Brandabschnitt zutreffend?*

(1) ein baulicherBereich, der nur mit Handfeuerlöschern ausgerüstet ist
(2) ein Bereich, in dem neben gesundheitsschädlichem Material keine brennbaren Flüssigkeiten gelagert werden
(3) ein abgetrennter Bereich, der so gebaut ist, dass Feuer und Rauch eine bestimmte Zeit nicht eindringen können
(4) ein Bereich, der immer durch Lüftungsanlagen mit anderen Gebäuden verbunden ist
(5) ein Bereich, der durch breite Gänge von der Raucherzone getrennt ist

## Aufgabe 298

*Im vorhandenen Lagerbereich für Verpackungsmaterial soll ein Teil zusätzlich für die Gefahrstofflagerung genutzt werden. Die Gewährleistung des Brandschutzes für den gesamten Lagerbereich ist zu sichern. Welche Maßnahme ist dazu notwendig?*

(1) Abgrenzung der Lagerfläche für die Gefahrstoffe mit einer Kette und Aushang der Brandschutzordnung.
(2) Abtrennung des Gefahrstofflagers mit einer Brandschutzwand mit automatisch schließenden, feuersicheren Stahltüren und Ausstattung mit Lösch- und Bindemitteln.
(3) Das Aushängen von zweifachen Flucht- und Rettungsplänen.
(4) Abgrenzung der Lagerfläche für die Gefahrstoffe mit roter Sperrlinie vom übrigen Lager und Aufstellen von Warnschildern.
(5) Abgrenzung der Lagerfläche für die Gefahrstoffe mit rot-weißem Absperrband oder Kette und Ausstattung mit Lösch- und Bindemitteln.

## Aufgabe 299

*Welche Maßnahme schlagen Sie zur frühzeitigen Erkennung eines Brandherdes im Gefahrstofflager vor?*

(1) Täglich mehrmalige Kontrolle durch Mitarbeiter/-innen des Wachschutzes.
(2) Installation von Feuerlöschern und Wandhydranten.
(3) Überwachung des Lagers mit Videokameras im Eingangsbereich.
(4) Installation von Rauch-, Thermo- und Flammenmeldern.
(5) Regelmäßige Kontrollen der örtlichen Feuerwehr.

## Aufgabe 300

*Bei einer Schulung für das Verhalten im Brandfalle werden in der Teekontor Hein KG die Feuerwarnanlagen und Brandbekämpfungsgeräte vorgestellt. Welche Beschreibung der einzelnen Geräte und Anlagen ist* ***falsch****?*

(1) Rauchmelder reagieren bereits vor Ausbruch eines Feuers, indem sie bei Rauchentwicklung Alarm auslösen.
(2) Thermomelder reagieren auf Wärme. Wenn die Temperatur stark ansteigt oder eine bestimmte Höhe überschreitet, wird der Alarm ausgelöst. Die Überwachungsgröße ist geringer als bei einem Rauchmelder.
(3) Handfeuerlöscher sind an gut sichtbaren und leicht zugänglichen Stellen in der Nähe von Gefahrenherden anzubringen. Handfeuerlöscher müssen in regelmäßigen Abständen auf ihre Funktionstüchtigkeit überprüft werden.

(4) Sprinkleranlagen sind in der Decke der Räume angebracht. Sie öffnen sich im Brandfall und besprühen den Raum mit einem feuerlöschenden Schaum. Gleichzeitig wird Alarm ausgelöst.
(5) $CO_2$-Anlagen leiten im Brandfall Kohlenstoffdioxid in den Brandraum. Dadurch wird der Sauerstoff entzogen und der Brand erstickt. Für den Menschen besteht Erstickungsgefahr.

**Aufgabe 301**

*In der Teekontor Hein KG soll ein neues „Merkblatt zum Verhalten im Brandfall" entwickelt werden. Leider sind einige Punkte in die falsche Reihenfolge gebracht worden. Bringen Sie die folgenden sieben Regeln in die richtige Reihenfolge, indem Sie die Ziffern 2 bis 7 in die Kästchen einsetzen. Die 1 ist schon vorgegeben.*

**Regeln zum Verhalten im Brandfall**

| | |
|---|---|
| Beim Bemerken eines Brandes oder eines drohenden Brandes gilt es, Ruhe zu bewahren. | 1 |
| Die Mitarbeitenden entfernen sich so weit vom Gebäude, bis sie in sicherer Entfernung sind. | ☐ |
| Fenster und Türen, die noch geöffnet sind, müssen geschlossen werden. | ☐ |
| Die Mitarbeitenden begeben sich auf die vorgeschriebenen Fluchtwege; dabei ist darauf zu achten, dass niemand zurückbleibt. | ☐ |
| Falls es ohne Gefahr möglich ist, sollte versucht werden, einen kleinen Brandherd zu bekämpfen. | ☐ |
| Es ist Alarm auszulösen. | ☐ |
| Die Mitarbeitenden begeben sich dann zu den nächstgelegenen Ausgängen oder Notausgängen; die Fahrstühle dürfen hierbei nicht benutzt werden. | ☐ |

# 5. Umweltschutz

## Aufgabe 302

*Im Lager der Teekontor Hein KG fallen ständig verschiedene Bestandteile von Abfällen an. Welches vorrangige Ziel verfolgt der Gesetzgeber über das Kreislaufwirtschaftsgesetz?*

(1) Abfälle sollen möglichst vermieden werden.
(2) Abfälle sollen möglichst kompostiert werden.
(3) Abfälle sollen möglichst in der eigenen Anlage verbrannt werden.
(4) Abfälle sollen möglichst in einer Sonderdeponie entsorgt werden.
(5) Abfälle sollen möglichst vom Hersteller entsorgt werden.

## Aufgabe 303

*In der Teekontor Hein KG soll eine Betriebsanweisung für das sichere Entsorgen von Abfällen erstellt werden. Entscheiden Sie, welche Regelung nicht zur Abfallbeseitigung gehört.*

(1) Abfälle in verschiedene Kategorien einteilen
(2) Abfallbeauftragte in den Abteilungen benennen
(3) Räume festlegen, in denen Absauganlagen installiert werden
(4) Abfälle angeben, die als Hausmüll entsorgt werden können
(5) Arten der Abfallsammelbehälter bestimmen

## Aufgabe 304

*Bestimmen Sie, welche Aussage zu den Verpackungskosten richtig ist.*

(1) Sie richten sich nach dem Wert der verpackten Ware.
(2) Kosten der Verpackung dürfen laut Gesetz den Warenwert des Produktes nicht übersteigen.
(3) Sie sind deutlich sichtbar auf der Verpackung anzugeben.
(4) Sie dürfen vom Hersteller nicht in den Verkaufspreis einkalkuliert werden.
(5) Sie können durch den Einsatz von Mehrwegverpackungen reduziert werden.

## Aufgabe 305

*In der Warenannahme der Teekontor Hein KG bitten Sie den Fahrer der Spedition, die Transportverpackung wieder mitzunehmen und an den Hersteller zurückzugeben. Wie begründen Sie Ihren Wunsch aus rechtlicher Sicht richtig?*

(1) Transportverpackungen sind durch den Hersteller aufzubewahren, falls nochmals bestellt werden sollte.
(2) Transportverpackungen müssen nach der Verpackungsverordnung zurückgenommen werden.
(3) Transportverpackungen müssen vom Hersteller aufbewahrt werden, damit Reklamationen in der Originalverpackung vorgenommen werden können.
(4) Transportverpackungen muss der Spediteur lagern und ab der Menge von 3 Tonnen zur Entsorgung überführen.
(5) Transportverpackungen müssen durch den Hersteller vernichtet werden, da man die Teekontor Hein KG sonst als Empfänger erkennen könnte.

## Aufgabe 306

*Im Verpackungsbereich soll die Umweltverträglichkeit besser berücksichtigt werden. Welche **zwei** Verpackungen eignen sich zur Verwendung als Mehrwegverpackung?*

(1) Alu-Collico
(2) Papiersäcke
(3) Tüten
(4) Styroporformteile
(5) Drehstapelbehälter (DSB)
(6) Blisterfolie

## Aufgabe 307

*Ordnen Sie die Maßnahmen zum Umgang mit Verpackungen den Materialien zu, indem Sie die Kennziffern in die Kästchen neben den Materialien eintragen.*

**Maßnahmen**

(1) Rückgabe an den Eigentümer
(2) Abgabe an den Paletten-Pool
(3) Sammeln für den Abfallholz-Verwerter
(4) Einfüllen in die Ballenpresse zum Recycling

### Materialien

Einweg-Paletten ☐

Abfallpapier ☐

Europaletten ☐

leere Propangasflaschen ☐

**Aufgabe 308**

*In der Teekontor Hein KG sollen Umweltbelastungen minimiert werden. Prüfen Sie, durch welche Maßnahmen es zu einer Abfallreduzierung kommt.*

(1) Der Getränkeautomat in der Kantine wird von Einweg- auf Mehrwegflaschen umgestellt.
(2) Der anfallende Müll wird konsequent getrennt.
(3) Sie sammeln Einwegflaschen in speziellen Containern.
(4) Verbrauchte Batterien werden über den Fachhandel entsorgt.
(5) Altpapier wird getrennt gesammelt.

**Aufgabe 309**

*Im Kreislaufwirtschaftsgesetz stehen Ziele, die den Umgang mit Abfällen regeln. Ordnen Sie zu, indem Sie die Kennziffern von drei der insgesamt fünf Ziele in die Kästchen beim Umgang mit Abfällen eintragen.*

### Ziele

(1) Vermeidung
(2) Wiederverwendung
(3) Recycling
(4) Verbrennung
(5) Beseitigung

### Umgang mit Abfällen

energetische Verwertung ☐

stoffliche Verwertung ☐

Es soll kein Verpackungsabfall anfallen. ☐

## Aufgabe 310

*Ordnen Sie zu, indem Sie die Kennziffern von drei der insgesamt sechs Verwendungsarten von Kunststoff als Abfall in die Kästchen bei den Verwertungsarten eintragen.*

### Umgang mit Kunststoff

(1) reinigen und wiederverwenden
(2) in Verbrennungsanlagen entsorgen
(3) in seine Bausteine zerlegen
(4) mit dem Restmüll entsorgen
(5) zu Granulat verarbeiten
(6) als Verpackung vermeiden

### Verwertungsarten

rohstoffliche Verwertung ☐

werkstoffliche Verwertung ☐

thermische Verwertung ☐

## Aufgabe 311

*Im Rahmen des dualen Systems sind viele Bereiche mit verschiedenen Tätigkeiten beschäftigt. Ordnen Sie die Bereiche den Tätigkeiten zu, indem Sie die Kennziffern in die Kästchen neben den Tätigkeiten eintragen.*

### Bereiche

(1) Handel
(2) Verbraucher
(3) Abfüller
(4) Verpackungshersteller

### Tätigkeiten

liefert neue Verpackungen ☐

verkauft verpackte Produkte ☐

liefert verpackte Produkte ☐

entsorgt Verpackungen über Sammelbehälter ☐

## Aufgabe 312

*Das Bundesimmissionsschutzgesetz unterscheidet zwischen Immission und Emission. Welche der nachfolgenden Sachverhalte beschreibt die Immission?*

(1) Als Immission bezeichnet man den von Flugzeugen ausgehenden Lärm.
(2) Als Immission bezeichnet man die von Fahrzeugen ausgehende Luftverunreinigung.
(3) Als Immission bezeichnet man die von Anlagen erzeugten Erschütterungen.
(4) Als Immission bezeichnet man die industriellen Abgase, z. B. von Kraftwerken.
(5) Als Immission bezeichnet man die Schädigung von Kulturgütern durch Luftverunreinigung.

## Aufgabe 313

*Was sind Emissionen?*

(1) Emissionen sind Ausstöße von schädlichen Umwelteinwirkungen, die z. B. von Geräten verursacht werden.
(2) Emissionen sind Einwirkungen der schädlichen Immissionen auf den Menschen.
(3) Emissionen sind Beschädigungen an schützenswerten Kulturgütern.
(4) Emissionen sind auch Lärmbelästigungen durch den Straßenverkehr.
(5) Emissionen werden manchmal auch Immissionen genannt.

## Aufgabe 314

*Für den Fuhrpark sollen 200-Liter-Fässer mit Motorenöl eingelagert werden. In welchem Lagerbereich ist das Öl zu lagern?*

(1) Freilager
(2) Lager für wassergefährdende Stoffe
(3) Palettenlager
(4) Lager für Druckgasbehälter
(5) kein besonderer Lagerbereich

## Aufgabe 315

*In welcher Rechtsgrundlage ist der Umgang mit wassergefährdenden Stoffen geregelt?*

(1) In der Gefahrstoffverordnung.
(2) Im Chemikaliengesetz.
(3) In der Arbeitsstättenverordnung.
(4) Im Wasserhaushaltsgesetz.
(5) Im Kreislaufwirtschafts- und Abfallgesetz.

## Aufgabe 316

*Sie erhalten den Auftrag, eine wassergefährdende Flüssigkeit aus einem Fass in Kanister abzufüllen. Wie gehen Sie vor, um die Umwelt nicht zu gefährden?*

(1) Sie benutzen zum Abfüllen vorsichtshalber einen chemikalienfesten Trichter.
(2) Sie tragen beim Abfüllen einen Atemschutz und chemikalienfeste Handschuhe.
(3) Sie stellen das Fass beim Abfüllen der Kanister mit einer Abfüllstation über eine Auffangwanne.
(4) Sie legen Matten, die die überlaufende Flüssigkeit aufnehmen, beim Abfüllen unter das Fass.
(5) Sie stellen das Fass über ein Waschbecken, damit überlaufende Flüssigkeit in die Kanalisation ablaufen kann.

## Aufgabe 317

*Ein Leichtflüssigkeitsabscheider verhindert das Eindringen von ausgelaufenem Öl in die Kanalisation. Wie funktioniert der Abscheider?*

(1) Das Öl wird im Abscheider wie in einer Wasseraufbereitungsanlage neutralisiert.
(2) Das Öl scheidet sich am Boden ab und gelangt so nicht in die Kanalisation.
(3) Der Abscheider hält Flüssigkeiten zurück die leichter sind als Wasser.
(4) Der Abscheider lässt alle Flüssigkeiten, die leichter als Wasser sind, in die Kanalisation.
(5) Das Öl wird durch den Abscheider in seine Bestandteile zerlegt und diffundiert in den Boden.

## Aufgabe 318

*Sie sollen mithelfen, Sonderabfälle zu entsorgen. Bringen Sie die dabei anfallenden Arbeitsschritte in die richtige Reihenfolge, indem Sie die Ziffern 1 bis 5 in die Kästchen eintragen.*

| | |
|---|---|
| Genehmigte Entsorgung durchführen | ☐ |
| Nachweis über durchgeführte Entsorgung aufbewahren. | ☐ |
| Chemische Analyse durchführen lassen | ☐ |
| Sonderabfälle sammeln | ☐ |
| Entsorgungsantrag stellen | ☐ |

## Aufgabe 319

*Auch für die Teekontor Hein KG gelten eine Vielzahl von Gesetzen, die dazu dienen, den Schutz der Umwelt zu sichern. Ordnen Sie drei der sechs Maßnahmen des betrieblichen Umweltschutzes den entsprechenden Gesetzen zu.*

**Maßnahmen des betrieblichen Umweltschutzes**

(1) In der Werkstatt des Fuhrparks wird streng darauf geachtet, dass keine wassergefährdenden Stoffe, wie z. B. Altöl oder Dieselkraftstoff, in das Abwasser geraten.
(2) In den Büroraumen wird streng darauf geachtet, dass die Beleuchtung nur dann angeschaltet wird, wenn es wirklich notwendig ist.
(3) Für die Heizungsanlage wird streng darauf geachtet, dass nur die zulässige Menge an Abgasen abgegeben wird.
(4) Bei der Anschaffung der Lkw wird streng darauf geachtet, dass ein möglichst geringer Verbrauch an Kraftstoffen zu erwarten ist.
(5) Beim Einkauf des Verpackungspapiers wird streng darauf geachtet, dass es aus Altpapier hergestellt ist.
(6) Bei der Abfallentsorgung wird streng darauf geachtet, dass die Abfälle nur solchen Institutionen übergeben werden, die zur Entsorgung berechtigt sind.

**Umweltschutzgesetz**

Abfallgesetz ☐

Bundesimmissionsschutzgesetz ☐

Wasserhaushaltsgesetz ☐

## Aufgabe 320

*Wofür steht das „E“ in der europäischen Chemikalienverordnung REACH?*

(1) Für Evaluierung
(2) Für Energieeffizienz
(3) Für Emissionen
(4) Für energetische Verwertung
(5) Für entzündliche Stoffe

# C

# WIRTSCHAFTS- UND SOZIALKUNDE

## 1. Jugendliche in Ausbildung und Beruf

**Aufgabe 321**

*Ordnen Sie zu, indem Sie die Kennziffern der drei Wirtschaftssektoren in die Kästchen bei den vier Unternehmen eintragen.*

**Wirtschaftssektoren**
(1) Primärer Sektor
(2) Sekundärer Sektor
(3) Tertiärer Sektor

**Unternehmen**

Spedition Zandas ☐

Porzellanfabrik Teekanne GmbH ☐

Obstbaugenossenschaft Plön eG ☐

Teehandel Teekontor Hein KG ☐

---

**Situation zu den Aufgaben 322 bis 335:**

Emre Yilmaz ist Auszubildender der Teekontor Hein KG als Fachkraft für Lagerlogistik im 3. Ausbildungsjahr und 19 Jahre alt. Sie unterhalten sich mit ihm über seine berufliche Situation. Außerdem laufen in der Personalabteilung der Teekontor Hein KG gerade Bewerbungsgespräche mit potenziellen neuen Auszubildenden.

**Aufgabe 322**

*Emre Yilmaz besucht an 2 Tagen in der Woche die Berufsschule. Wie bezeichnen Sie diese Art der Ausbildung korrekt?*

(1) Als überbetriebliche Ausbildung.
(2) Als duales System.

(3) Als Berufsgrundbildung.
(4) Als Berufsfortbildung.
(5) Als Rahmenausbildung.

## Aufgabe 323

*Kennzeichnen Sie die Partner des dualen Systems der Ausbildung.*

(1) Unternehmen/Berufsschule
(2) Unternehmen/Industrie- und Handelskammer
(3) Unternehmen/Berufsgenossenschaft
(4) Unternehmen/Gewerkschaft
(5) Unternehmen/Abfallorganisation Gelbe Tonne

## Aufgabe 324

*Emre Yilmaz fragt Sie, wo er nachlesen kann, welche Prüfungsbereiche (Fächer) er in der Abschlussprüfung abzulegen hat. Was antworten Sie?*

(1) Im Jugendarbeitsschutzgesetz.
(2) Im Berufsbildungsgesetz.
(3) Im Rahmenlehrplan der Berufsschule.
(4) In der Verordnung über die Berufsausbildung.
(5) Im Ausbildungsrahmenplan der Teekontor Hein KG.

## Aufgabe 325

*Welches Gesetz regelt die Berufsausbildung?*

(1) Jugendarbeitsschutzgesetz
(2) Arbeitsförderungsgesetz
(3) Arbeitszeitordnung
(4) Mitbestimmungsgesetz
(5) Berufsbildungsgesetz

## Aufgabe 326

*Zwischen wem wird der Berufsausbildungsvertrag abgeschlossen, wenn die Auszubildenden noch nicht volljährig sind?*

(1) Zwischen Auszubildenden und Industrie- und Handelskammer.
(2) Zwischen Ausbildungsbetrieb, Auszubildenden und ihrer gesetzlichen Vertretung.

(3) Zwischen Ausbildungsbetrieb, Auszubildenden, ihrer gesetzlichen Vertretung und der Industrie- und Handelskammer.
(4) Zwischen Auszubildenden, ihrer gesetzlichen Vertretung und der Industrie- und Handelskammer.
(5) Zwischen Ausbildungsbetrieb und der Industrie- und Handelskammer.

## Aufgabe 327

*Welche Angabe muss der Berufsausbildungsvertrag enthalten?*

(1) Beginn und Dauer der täglichen Mittagspause
(2) Form der Kündigung während der Probezeit
(3) Zeitraum des Betriebsurlaubs
(4) Höhe der Vergütung
(5) Möglichkeiten der Wiederholungen von Abschlussprüfungen

## Aufgabe 328

*Im § 4 des BBiG ist geregelt, welche Inhalte in einem Berufsausbildungsvertrag mindestens festgelegt sein müssen. Welche der folgenden Aufzählungen enthält eine vollständig richtige Aufzählung der zulässigen Inhalte eines Berufsausbildungsvertrags?*

(1) Art, sachliche und zeitliche Gliederung sowie Ziel der Berufsausbildung, Dauer der regelmäßigen täglichen Arbeitszeit, Höhe von Vertragsstrafen bei schuldhaftem Fehlverhalten
(2) Dauer der Probezeit, Wettbewerbsverbot für die Zeit nach Beendigung des Ausbildungsverhältnisses, Dauer des Urlaubs, Höhe der Ausbildungsvergütung
(3) Beginn und Dauer der Berufsausbildung, Voraussetzungen, unter denen die Berufsausbildung gekündigt werden kann, Zahlung und Höhe der Vergütung
(4) Name der Berufstätigkeit, für die ausgebildet werden soll, Dauer der Berufsausbildung, notariell beglaubigter Verzicht auf die Zahlung einer Ausbildungsvergütung
(5) Dauer der regelmäßigen täglichen Arbeitszeit, Urlaubsdauer, Dauer der Probezeit, Dauer des Berufsschulbesuchs

## Aufgabe 329

*Welche zwei Inhalte können in den Berufsausbildungsverträgen für die neuen Azubis **nicht** rechtswirksam vereinbart werden?*

(1) Es werden zwei außerbetriebliche Ausbildungsmaßnahmen von jeweils 2 Tagen durchgeführt.
(2) Die Ausbildungsvergütung ist übertariflich.
(3) Die Ausbildungsvergütung wird spätestens am letzten Arbeitstag des jeweiligen Monats gezahlt.
(4) Aufgrund der übertariflichen Ausbildungsvergütung wird der Jahresurlaub um 2 Tage gekürzt.
(5) Die Probezeit beträgt 6 Monate.
(6) Die in der Ausbildungsordnung vorgesehene Ausbildungszeit wird aufgrund der schulischen Vorbildung der Azubis um 6 Monate verkürzt.

## Aufgabe 330

*Bringen Sie die folgenden Schritte bei der Einstellung und Ausbildung der neuen Auszubildenden Frau Michler in die richtige Reihenfolge, indem Sie die Ziffern 1 bis 6 in die Kästchen eintragen.*

Die Teekontor Hein KG prüft die Bewerbung und lädt zu einem Vorstellungsgespräch ein. ☐

Frau Michler besteht die betriebsinterne Eignungsprüfung. Die Teekontor Hein KG leitet die Unterlagen an den Betriebsrat weiter, der der Einstellung zustimmt. ☐

Die Teekontor Hein KG beantragt den Eintrag des Berufsausbildungsvertrages in das Verzeichnis der Berufsausbildungsverhältnisse bei der Industrie- und Handelskammer. ☐

Die Teekontor Hein KG lässt den Berufsausbildungsvertrag von den Vertragspartnern unterzeichnen. ☐

Im Juli des nächsten Jahres meldet die Teekontor Hein KG Frau Michler für die im September stattfindende Zwischenprüfung an. ☐

Die Teekontor Hein KG führt mit Frau Michler kurz vor Ablauf der Probezeit ein Beurteilungsgespräch. ☐

## Aufgabe 331

*Ein Auszubildender möchte seinen Ausbildungsvertrag kündigen, obwohl die Probezeit bereits abgelaufen ist. Ist das nach BBiG möglich?*

(1) Ja, der Vertrag kann nach der Probezeit gelöst werden, allerdings nur in beidseitigem Einvernehmen.
(2) Nein, der Vertrag kann nach der Probezeit nur vom Ausbildendem gekündigt werden.
(3) Nein, der Vertrag kann nur während der vereinbarten Probezeit gekündigt werden.
(4) Ja, der Vertrag kann nach der Probezeit stets von beiden Seiten ohne Einhaltung einer Kündigungsfrist gekündigt werden.
(5) Ja, der Vertrag kann vom Auszubildenden nach der Probezeit mit einer Frist von 4 Wochen gekündigt werden.

## Aufgabe 332

*Bestimmen Sie, welche Aussage zum Arbeitsrecht für junge Menschen **richtig** ist.*

(1) Die Probezeit für einen Auszubildenden darf höchstens zwei Monate betragen.
(2) Der Ausbildungsbetrieb darf einen berufsschulpflichtigen Auszubildenden an einem Berufsschultag in keinem Fall beschäftigen.
(3) Auszubildende dürfen nur eingestellt werden, wenn die Ausbildungsstätte nach Art und Einrichtung für die Berufsausbildung geeignet ist.
(4) Während der Probezeit muss eine Kündigungsfrist von einer Woche eingehalten werden.
(5) Die Arbeitnehmer/-innen und Auszubildenden unter 21 Jahren unterliegen dem Jugendarbeitsschutzgesetz

## Aufgabe 333

*Welche Voraussetzung muss Emre Yilmaz erfüllen, um an der Abschlussprüfung teilnehmen zu können?*

(1) Er muss an der Zwischenprüfung teilgenommen haben.
(2) Er muss besonders gute Leistungen nachweisen.
(3) Er muss die Zwischenprüfung bestanden haben.
(4) Er muss den Ausbildungsvertrag an die zuständige Stelle weiterleiten.
(5) Er muss die Zustimmung seiner Eltern zur Teilnahme an der Abschlussprüfung nachweisen.

## Aufgabe 334

*Emre Yilmaz hat Bedenken, ob er die Abschlussprüfung bestehen wird, obwohl seine Leistungen in der Berufsschule befriedigend sind. Welche Möglichkeit zur Prüfungswiederholung hätte er nach dem BBiG?*

(1) Er muss die gesamte Abschlussprüfung wiederholen, auch wenn er in einigen Prüfungsbereichen bestanden hat.
(2) Er darf die Abschlussprüfung wiederholen, wenn das Prüfungsergebnis nicht mehr als 1,5 vom Durchschnitt seiner Berufsschulnoten abweicht.
(3) Er kann die Abschlussprüfung einmal wiederholen.
(4) Er kann die Abschlussprüfung zweimal wiederholen.
(5) Er kann die Abschlussprüfung dreimal wiederholen.

## Aufgabe 335

*Am 3. und 4. Mai legt Herr Yilmaz den schriftlichen Teil der Abschlussprüfung ab. Am 14. Juli legt er die praktische Prüfung ab und erhält eine Bescheinigung darüber, dass er die Prüfung bestanden hat. Sein Ausbildungsvertrag endet am 31. Juli. Herr Yilmaz arbeitet weiter bei der Teekontor Hein KG als ausgelernte Fachkraft für Lagerlogistik. Stellen Sie fest, ab welchem Tag er sich im neuen Arbeitsvertrag befindet und dementsprechend Anspruch auf Entlohnung hat.*

## Aufgabe 336

*Eine Auszubildende will die Abschlussprüfung vorzeitig ein halbes Jahr vor Beendigung der vertraglich vereinbarten Ausbildungszeit ablegen. Wer entscheidet über die Zulassung zu Abschlussprüfung laut Berufsbildungsgesetz?*

(1) Die zuständige Industrie- und Handelskammer
(2) Der Klassenlehrerin in der Berufsschule
(3) Der Ausbildungsleiter
(4) Die Geschäftsführung des Ausbildungsbetriebes
(5) Die Schulleitung der Berufsschule

## Situation zu den Aufgaben 337 bis 345:

Sie sollen in der Personalabteilung der Teekontor Hein KG aushelfen. Nach einer Einführung zu den Grundlagen der Gehaltsabrechnung befragt Sie die zuständige Sachbearbeiterin.

### Aufgabe 337

*Welche Aussage trifft auf den Zeitlohn zu?*

(1) Für eine bestimmte Arbeitsmenge wird ein fester Geldbetrag gezahlt, ohne die Dauer der Arbeit zu berücksichtigen.
(2) Für eine bestimmte Arbeitsmenge wird eine Zeit vorgegeben, welche mit einem vereinbarten Satz vergütet wird.
(3) Für eine bestimmte Anwesenheitszeit erhalten Arbeitnehmerinnen und Arbeitnehmer eine Vergütung, ohne dass das Arbeitsergebnis berücksichtigt wird.
(4) Die Arbeitnehmerinnen und Arbeitnehmer erhalten eine zusätzliche Vergütung, welche sich auf innerbetriebliche Arbeitsergebnisse und -erfolge bezieht.
(5) Die Arbeitnehmerinnen und Arbeitnehmer erhalten eine Vergütung, welche auf das Gesamtergebnis des Betriebes bezogen wird.

### Aufgabe 338

*Für welche Tätigkeit wäre die Bezahlung im Akkordlohn ungeeignet?*

(1) Für Maurerarbeiten auf dem Bau.
(2) Für die Automontage in einer Autofabrik.
(3) Für Dateneingabe in einem Büro.
(4) Für die Restauration eines Kunstwerkes.
(5) Für die Arbeit an einer Furnierpresse in einer Möbelfabrik.

### Aufgabe 339

*Für welche Tätigkeit wäre die Zahlung einer Prämie sinnvoll?*

(1) Für das Erreichen geringerer Garantieverpflichtungen.
(2) Für das Überschreiten der Termineinhaltungen.
(3) Für geringeren Energieverbrauch durch kürzere Maschinenlaufzeiten.
(4) Für das Einhalten der Arbeitspausen.
(5) Für das Erreichen höherer Ausschussquoten.

## Aufgabe 340

*Ordnen Sie zu, indem Sie die Kennziffern von drei der insgesamt sechs Entlohnungsformen in die Kästchen bei den Aussagen über Entlohnungsformen eintragen.*

**Entlohnungsformen**

(1) Akkordlohn
(2) Prämienlohn
(3) Zeitlohn
(4) Gehalt
(5) Gewinnbeteiligung
(6) Sonderurlaub

**Aussagen über Entlohnungsformen**

| | |
|---|---|
| Zahlungen für besonders qualifizierte oder höhere zusätzliche Arbeitsleistungen | ☐ |
| Je größer die Arbeitsleistung, umso höher der Bruttolohn | ☐ |
| Beteiligung der Arbeitnehmerinnen und Arbeitnehmer am Betriebsergebnis | ☐ |

## Aufgabe 341

*Bringen Sie die folgenden Arbeitsschritte bei der Lohnabrechnung in die richtige Reihenfolge, indem Sie die Ziffern 1 bis 6 eintragen.*

| | |
|---|---|
| Berücksichtigung von Lohnzuschlägen | ☐ |
| Ermittlung des Grundlohns | ☐ |
| Abzug von Vorschüssen | ☐ |
| Abzug der Steuern und Sozialversicherungsbeiträge | ☐ |
| Ermittlung des auszuzahlenden Betrages | ☐ |
| Ermittlung des Nettolohns | ☐ |

## Aufgabe 342

*Was* erhöht *bei der Lohn- und Gehaltsabrechnung den zu versteuernden Bruttoverdienst?*

(1) Vorschüsse
(2) Leistungszulage
(3) Lohnsteuer
(4) Arbeitnehmeranteil an vermögenswirksamen Leistungen
(5) Arbeitgeberanteil an der Rentenversicherung

**Aufgabe 343**

*Ordnen Sie zu, indem Sie die Kennziffern von drei der insgesamt sechs Lohnsteuerklassen in die Kästchen bei den Steuerpflichtigen eintragen.*

**Lohnsteuerklassen**

(1) Lohnsteuerklasse I
(2) Lohnsteuerklasse II
(3) Lohnsteuerklasse III
(4) Lohnsteuerklasse IV
(5) Lohnsteuerklasse V
(6) Lohnsteuerklasse VI

**Steuerpflichtige**

| | |
|---|---|
| Verheiratet, für den Ehegatten ist keine Lohnsteuerkarte ausgestellt | ☐ |
| Verheiratet, für beide Ehepartner ist eine Lohnsteuerkarte für die gleiche Steuerklasse ausgestellt | ☐ |
| Alleinstehende Person, 40 Jahre alt, 3 Kinder | ☐ |

**Aufgabe 344**

*Ein kinderloser Arbeitnehmer bezieht einen Monatslohn in Höhe von 2.340,00 € brutto. Seine gesetzlichen Abzüge setzen sich wie folgt zusammen:*

| | |
|---|---|
| *Lohnsteuer:* | *536,00 €* |
| *Kirchensteuer:* | *9,0 %* |
| *Arbeitnehmeranteil zur Sozialversicherung:* | *20 %* |

*Berechnen Sie, wie viel Euro dem Arbeitnehmer im laufenden Monat überwiesen werden.*

## Aufgabe 345

*Für die Gehaltsabrechnung eines Arbeitnehmers ohne Kinder liegen folgende Daten vor:*

| | |
|---|---|
| *Bruttogehalt:* | *3.200,00 €* |
| *Lohnsteuer:* | *480,00 €* |

- Sozialversicherungsanteil Arbeitgeber und Arbeitnehmer insgesamt: 1.100,00 €
- Zuschuss zu vermögenswirksamen Leistungen des Arbeitgebers: 52,00 €
- Vermögenswirksamer Sparbetrag des Arbeitnehmers: 78,00 €

*Berechnen Sie, wie viel Euro dem Arbeitnehmer auf sein Girokonto überwiesen werden.*

## Aufgabe 346

*Welches Gesetz zählt zu den Rechtsgrundlagen der Arbeitsschutzvorschriften?*

(1) Mutterschutzgesetz
(2) Jugendschutzgesetz
(3) Arbeitsordnung
(4) Betriebsverfassungsgesetz
(5) Lohnfortzahlungsgesetz

## Aufgabe 347

*Eine 20-jährige Angestellte will zum 1. August eines Jahres eine neue Stelle bei der Teekontor Hein KG antreten. Wann muss ihre Kündigung nach der gesetzlichen Vorschrift dem bisherigen Arbeitgeber spätestens zugegangen sein?*

(1) Am 1. Mai.
(2) Am 1. Juni.
(3) Am 30. Juni.
(4) Am 1. Juli.
(5) Am 31. Juli.

## Aufgabe 348

*In einem Transportunternehmen werden Überlegungen angestellt, die Personalkosten zu senken. Bei welcher Person kann das Arbeitsverhältnis am frühesten durch Kündigung beendet werden?*

(1) Herr Waden, 42 Jahre alt, Kraftfahrer, seit 15 Jahren im Unternehmen
(2) Frau Walter, 40 Jahre alt, seit 5 Jahren im Unternehmen, sie wurde vor einem Jahr in den Betriebsrat gewählt
(3) Frau Kurt, 19 Jahre alt, Auszubildende im zweiten Ausbildungsjahr bei dreijähriger Ausbildungsdauer
(4) Herr Gürsoy, 32 Jahre alt, gelernter Speditionskaufmann, seit 5 Jahren im Unternehmen
(5) Frau Bruns, 20 Jahre alt, gelernte Speditionskauffrau, seit 4 Jahren im Unternehmen

## Aufgabe 349

*Bestimmen Sie, welche Aussage den Rechtsvorschriften zur Kündigung von Arbeitsverhältnissen entspricht.*

(1) Die ordentliche Kündigung ist immer eine fristlose Kündigung.
(2) Ein Arbeitnehmer, dem eine bessere Stelle angeboten wurde, kann fristlos kündigen
(3) Eine ordentliche Kündigung, die mit dem Verhalten des Arbeitnehmers begründet wird, ist an keine Fristen gebunden.
(4) Wegen mehrmaliger verspäteter Lohnzahlung kann ein Arbeitnehmer fristlos kündigen.
(5) Eine Arbeitnehmerin, die in eine 50 km weit entfernte Filiale versetzt wird, kann fristlos kündigen.

## Aufgabe 350

*Welche Tätigkeit ist nach dem Mutterschutzgesetz zulässig?*

(1) Werdende Mütter können wegen der Leistungszulagen auf eigenen Wunsch tempoabhängige Arbeiten verrichten.
(2) Werdende Mütter können wegen der Schichtzulagen auf eigenen Wunsch Nachtarbeit verrichten.
(3) Werdende Mütter können auf eigenen Wunsch auch in den 6 Wochen vor der Entbindung arbeiten.
(4) Mütter können auf eigenen Wunsch auch in den 8 Wochen nach der Entbindung arbeiten.
(5) Mütter können auf eigenen Wunsch während des Erziehungsurlaubes 32 Stunden je Woche arbeiten.

## Aufgabe 351

*Die Auszubildende Petra macht sich Gedanken über ihre berufliche und private Zukunft. Sie hat einige Fragen an den Personalleiter zum Thema Mutterschutz. Welche seiner Antworten ist* ***falsch****?*

(1) Das Kündigungsverbot besteht nur während der Schwangerschaft und 8 Wochen nach der Entbindung.
(2) Das Mutterschutzgesetz gilt auch für Auszubildende.
(3) In der Regel erhalten Frauen während der Schutzfrist das durchschnittliche Monatsentgelt der letzten 3 Monate vor Bekanntgabe der Schwangerschaft.
(4) Während der Schutzfrist vor der Geburt darf die werdende Mutter auf eigenen ausdrücklichen Wunsch beschäftigt werden.
(5) Werdende Mütter dürfen nicht mit schweren körperlichen Arbeiten beauftragt werden.

## Aufgabe 352

*Was regelt das Jugendarbeitsschutzgesetz?*

(1) Art und Ziel der Berufsausbildung
(2) Gaststättenaufenthalt für Jugendliche
(3) Ausbildungsvergütung
(4) Mindesturlaubsanspruch für Jugendliche
(5) Wahl der Jugend- und Auszubildendenvertretung

## Aufgabe 353

*Welche Aussage entspricht den Bestimmungen des Jugendarbeitsschutzgesetzes?*

(1) Das Jugendarbeitsschutzgesetz soll alle jungen Menschen unter 25 Jahren vor einer Gefährdung ihrer Gesundheit oder einer Störung ihrer Entwicklung bewahren.
(2) Jugendliche dürfen grundsätzlich nicht mit Akkordarbeit beschäftigt werden oder andere tempoabhängige Arbeiten ausführen, mit denen ein höheres Entgelt erzielt werden kann.
(3) Zwischen dem Feierabend und dem Arbeitsbeginn am nächsten Tag muss eine ununterbrochene Ruhezeit von mindestens 15 Stunden liegen.
(4) Jugendliche dürfen nicht länger als 8 Stunden ununterbrochen ohne Ruhepausen beschäftigt werden.
(5) Jugendliche müssen im Rahmen der Abschlussprüfung 2 Arbeitstage vor der Prüfung freigestellt werden.

## Aufgabe 354

*Frau Ünal ist 17 Jahre alt und tritt das Ausbildungsverhältnis bei der Teekontor Hein KG als Fachkraft für Lagerlogistik an. Am Montag, Dienstag und Freitag arbeitet sie von 9:00 Uhr bis 18:00 Uhr, am Donnerstag von 11:00 Uhr bis 20:00 Uhr mit Pausen von insgesamt einer Stunde an jedem Arbeitstag. Am Mittwoch besucht sie die Berufsschule und hat den Nachmittag frei. Ist das zulässig?*

(1) Nein, da Jugendliche nach 18:00 nicht beschäftigt werden dürfen.
(2) Ja, wenn die Eltern zustimmen.
(3) Ja, da dadurch die lt. JASchG vorgegebene maximale tägliche und die wöchentliche Arbeitszeit nicht überschritten wird.
(4) Ja, da das Jugendarbeitsschutzgesetz im Einzelhandel Ausnahmen zulässt.
(5) Ja, wenn ihr die Arbeitszeit nach 18:00 Uhr als Überstunden vergütet wird.

## Aufgabe 355

*Frau Ünal wird 18 Jahre alt. Der Ausbilder möchte nun, dass sie entweder mittwochs nach der Berufsschule bis 18:00 Uhr arbeitet oder die entsprechenden Stunden am Samstag nachholt. Kann er dies verlangen?*

(1) Ja, da für sie das JASchG nicht mehr gilt.
(2) Ja, wenn ihr die Arbeitszeit als Überstunden vergütet wird.
(3) Nein, da die wöchentliche Arbeitszeit sonst überschritten wäre.
(4) Nein, da Samstagsarbeit für Auszubildende verboten ist.
(5) Nein, da ihr nach dem BBiG ein freier Nachmittag nach der Berufsschule zusteht.

## Aufgabe 356

*Welches Gericht ist für einen Verwaltungsangestellten zuständig, der sich gegen eine sozial ungerechtfertigte Kündigung wehren will?*

(1) Verwaltungsgericht
(2) Landgericht
(3) Amtsgericht
(4) Sozialgericht
(5) Arbeitsgericht

## Aufgabe 357

*In welchem Streitfall ist das Arbeitsgericht zuständig?*

(1) Ein Angestellter ist mit der Höhe des von der AOK gewährten Kurkostenzuschusses nicht einverstanden.
(2) Der Anspruch eines Arbeitslosen auf Arbeitslosengeld wird vom Finanzamt abgelehnt.
(3) Arbeitgeber und Betriebsrat können sich über die betriebliche Pausenregelung nicht einigen.
(4) Ein kaufmännischer Angestellter ist nach einem Arbeitsunfall mit dem festgesetzten Erwerbsminderungssatz von 40 % nicht einverstanden.
(5) Eine Auszubildende ist der Ansicht, dass bei der Abnahme der Abschlussprüfung Verfahrensfehler begangen wurden; sie möchte deshalb Widerspruch einlegen.

## Aufgabe 358

*Welches Gericht ist Berufungsinstanz bei Streitigkeiten aus dem Beschäftigungsverhältnis?*

(1) Arbeitsgericht
(2) Bundesverfassungsgericht
(3) Bundesarbeitsgericht
(4) Bundesgerichtshof
(5) Landesarbeitsgericht

## Aufgabe 359

*Die Teekontor Hein KG ist Mitglied in verschiedenen Arbeitgeberorganisationen. Welche Arbeitgeberorganisation ist eine öffentlich-rechtliche Vereinigung?*

(1) Deutscher Industrie- und Handelstag
(2) Industrie- und Handelskammer
(3) Gewerkschaft Nahrungs- und Genussmittel
(4) Bundesvereinigung der Deutschen Arbeitgeberverbände
(5) Bundesverband der Deutschen Industrie

## Aufgabe 360

*Wer kann in den Betriebsrat gewählt werden?*

(1) Nur die Wahlberechtigten, die dem Betrieb mindestens 6 Monate angehören.
(2) Alle Betriebsangehörigen, die volljährig sind.
(3) Alle Betriebsangehörigen, die das 21. Lebensjahr vollendet haben.
(4) Nur die Wahlberechtigten, die über 24 Jahre alt sind.
(5) Alle Betriebsangehörigen, die dem Betrieb mindestens 6 Wochen angehören.

## Aufgabe 361

*Aufgrund einer Betriebsvereinbarung in der Teekontor Hein KG werden die Sicherheitsvorkehrungen zur Verhütung von Betriebsunfällen verbessert. Wer beschließt Betriebsvereinbarungen?*

(1) Der Arbeitgeber mit allen Arbeitnehmerinnen und Arbeitnehmern.
(2) Arbeitgeber und Betriebsrat.
(3) Arbeitgeber und Gewerkschaft.
(4) Arbeitgeber und Unfallversicherung.
(5) Arbeitgeber und Arbeitsgericht.

## Aufgabe 362

*Einer Arbeitnehmerin wurde ohne Anhörung des Betriebsrats gekündigt. Wie ist nach dem Betriebsverfassungsgesetz die Rechtslage?*

(1) Die Kündigung ist unwirksam, weil eine Anhörung des Betriebsrats zwingend vorgeschrieben ist.
(2) Die Kündigung ist unwirksam, weil jede Kündigung der Zustimmung des Betriebsrats bedarf.
(3) Die Kündigung wird durch nachträgliche Anhörung des Betriebsrats wirksam.
(4) Die Kündigung ist wirksam, weil eine Anhörung des Betriebsrats nicht vorgeschrieben ist.
(5) Die Kündigung ist wirksam, weil weder eine Anhörung noch eine Zustimmung des Betriebsrats vorgeschrieben ist.

## Aufgabe 363

*Welche Personengruppe genießt einen besonderen gesetzlichen Kündigungsschutz?*

(1) Prokuristinnen und Prokuristen
(2) Auszubildende während der Probezeit
(3) Betriebliche Ausbilder/-innen
(4) Betriebsratsmitglieder
(5) Leitende Angestellte
(6) Jugendliche

## Aufgabe 364

*In welchem Fall hat der Betriebsrat nur ein Unterrichtungs- und Beratungsrecht, aber kein Mitbestimmungsrecht?*

(1) Bei Festlegung der Grundsätze über das betriebliche Vorschlagswesen.
(2) Bei Einführung oder Anwendung von technischen Einrichtungen, die dazu bestimmt sind, das Verhalten oder die Leistung der Arbeitnehmerinnen und Arbeitnehmer zu überwachen.
(3) Bei Fragen der Ordnung des Betriebes und des Verhaltens der Arbeitnehmerinnen und Arbeitnehmer im Betrieb.
(4) Bei Planung des Personalbedarfs für die Erweiterung der Produktion.
(5) Bei Festlegung von Beginn und Ende der täglichen Arbeitszeit einschließlich Pausen.

## Aufgabe 365

*Die Teekontor Hein KG will neue Kontrollgeräte einführen, um die Arbeitsleistung der Mitarbeitenden zu überwachen. Welches Recht hat in diesem Fall der Betriebsrat?*

(1) Er hat nur ein Informationsrecht.
(2) Er hat nur ein Beratungsrecht.
(3) Er hat ein Mitbestimmungsrecht.
(4) Er hat nur ein Anhörungsrecht.
(5) Er hat nur ein Kontrollrecht.

## Aufgabe 366

*In welchem Fall übt der Betriebsrat sein Mitbestimmungsrecht in sozialen Angelegenheiten gemäß Betriebsverfassungsgesetz aus?*

(1) Der Betriebsrat nimmt Stellung zu einer von der Teekontor Hein KG ausgesprochenen Kündigung eines Arbeitnehmers, die er für sozial ungerechtfertigt hält.
(2) Der Betriebsrat vereinbart mit der Teekontor Hein KG, dass im Betrieb zu besetzende Stellen zunächst im Betrieb auszuschreiben sind.
(3) Der Betriebsrat verlangt, vom Arbeitgeber über die wirtschaftliche und finanzielle Lage des Unternehmens informiert zu werden.
(4) Der Betriebsrat verlangt von der Teekontor Hein KG, dass die Beitragsbemessungsgrenzen der Sozialversicherung gesenkt werden.
(5) Arbeitgeber und Betriebsrat vereinbaren, dass Beginn und Ende der täglichen Schichtzeit im Lager um eine halbe Stunde vorverlegt werden.

---

**Situation zu den Aufgaben 367 bis 370:**

Die Auszubildenden der Teekontor Hein KG möchten zusätzlich zum Betriebsrat eine JAV gründen. Dazu befassen sie sich mit den entsprechenden Bestimmungen des Betriebsverfassungsgesetzes.

**Aufgabe 367**

*Für welchen Zeitraum wird die Jugend- und Auszubildendenvertretung im Regelfall gewählt?*

(1) 1 Jahr
(2) 2 Jahre
(3) 3 Jahre
(4) 4 Jahre
(5) 5 Jahre

**Aufgabe 368**

*Bestimmen Sie, welche Aussage zur Wahl der Jugendvertretung richtig ist.*

(1) Mitglieder des Betriebsrats können nicht zu Jugendvertretern gewählt werden.
(2) Das Mindestalter für das aktive Wahlrecht beträgt 16 Jahre.
(3) Das passive Wahlrecht für die Jugendvertretung endet mit Vollendung des 18. Lebensjahres oder dem Bestehen der Abschlussprüfung bei Auszubildenden.

(4) Die regelmäßige Amtszeit der Jugendvertretung beträgt 3 Jahre.
(5) Die Jugendvertretung hat in allen Betriebsratssitzungen volles Stimmrecht.

## Aufgabe 369

*Wer hat die Interessen der jugendlichen Arbeitnehmer/-innen gegenüber der Teekontor Hein KG zu vertreten?*

(1) Die Interessen werden in Betrieben mit mindestens 5 jugendlichen Arbeitnehmer/-innen von der gewählten Jugend- und Auszubildendenvertretung über den Betriebsrat vertreten.
(2) Die Interessen werden gemeinsam mit der Jugend- und Auszubildendenvertretung und einem Ausbildungsberater der Industrie- und Handelskammer vertreten.
(3) Die Interessen vertreten Jugendliche in Betrieben mit mindestens 10 jugendlichen Arbeitnehmer/-innen gemeinsam mit der Jugend- und Auszubildendenvertretung und der Gewerkschaft.
(4) Jugendliche Arbeitnehmer/-innen vertreten sich grundsätzlich auch in Großbetrieben selbst gegenüber dem Unternehmer.
(5) Jugendliche Arbeitnehmer/-innen können sich nur durch die Jugend- und Auszubildendenvertretung vertreten lassen, wenn sie gewerkschaftlich organisiert sind.

## Aufgabe 370

*Bestimmen Sie, welche Aussage über die Jugend- und Auszubildendenvertretung nach dem Betriebsverfassungsgesetz richtig ist.*

(1) Die Jugend- und Auszubildendenvertretung ist berechtigt, selbst mit der Geschäftsleitung zu verhandeln.
(2) Bei der Wahl zur Jugend- und Auszubildendenvertretung sind alle Arbeitnehmenden wahlberechtigt, die das 25. Lebensjahr noch nicht vollendet haben.
(3) Die Jugend- und Auszubildendenvertretung kann nur dann eine Vertretung zu Betriebsratssitzungen entsenden, wenn Angelegenheiten behandelt werden, die besonders jugendliche Arbeitnehmer/-innen betreffen.
(4) Die Jugend- und Auszubildendenvertretung hat die Aufgabe, Maßnahmen, die den jugendlichen Arbeitnehmenden und Auszubildenden dienen, beim Betriebsrat zu beantragen.

(5) Die Jugend- und Auszubildendenvertretung hat in jedem Einzelfall das Wahlrecht, erforderliche Unterlagen und Auskünfte entweder direkt von der Geschäftsleitung oder vom Betriebsrat zu verlangen.

## Aufgabe 371

*Wer sind die Tarifvertragsparteien?*

(1) Arbeitgeber und Betriebsrat.
(2) Einzelne Arbeitnehmende und einzelne Arbeitgeber.
(3) Gewerkschaften und Arbeitgeberverbände.
(4) Gewerkschaften und der Bundesminister für Arbeit.
(5) Unternehmen und Industrie- und Handelskammern.

## Aufgabe 372

*Bestimmen Sie, welche Aussage über Tarifverträge zutrifft.*

(1) Tarifverträge können zwischen einzelnen Arbeitgebern und Betriebsräten geschlossen werden.
(2) Während der Laufzeit von Tarifverträgen sind Arbeitskämpfe erlaubt, wenn sie vier Wochen vorher angekündigt worden sind.
(3) Tarifverträge können zwischen der Geschäftsleitung und den Arbeitnehmerinnen und Arbeitnehmern eines Betriebes geschlossen werden.
(4) Tarifverträge sind rechtlich als Empfehlung an die Mitglieder der Tarifparteien zu verstehen.
(5) Tarifverträge kommen durch freie Vereinbarungen der Tarifpartner zustande.

## Aufgabe 373

*Welche Feststellung kennzeichnet die Tarifautonomie?*

(1) In den Mitgliedstaaten der EU können die Löhne ohne Absprache mit den anderen Mitgliedstaaten festgelegt werden.
(2) Die Wirtschaftsminister/-innen der einzelnen Bundesländer setzen die Gehälter und Löhne der im öffentlichen Dienst Beschäftigten fest.
(3) Die Arbeitgeber handeln mit den Bewerberinnen und Bewerbern bei der Einstellung die jeweilige Lohngruppe aus, in der sie beschäftigt werden sollen.
(4) Die Gewerkschaften setzen die Löhne und Gehälter fest.

(5) Arbeitgeberverbände und Gewerkschaften handeln unabhängig von staatlichen Eingriffen die Löhne, Gehälter und die sonstigen Arbeitsbedingungen aus.

## Aufgabe 374

*Bestimmen Sie, welche Aussage über die Gewerkschaften zutrifft.*

(1) Die Gewerkschaften vertreten die Forderungen der organisierten Arbeitnehmenden gegenüber den Arbeitgebern.
(2) Die Gewerkschaften schließen mit der Unternehmensleitung Betriebsvereinbarungen ab.
(3) Die Gewerkschaften sind Zwangszusammenschlüsse aller Beschäftigten eines Wirtschaftszweiges.
(4) Die Gewerkschaften dürfen Tarifverträge nicht kündigen.
(5) Gewerkschaftsmitglied kann man erst nach Vollendung des 25. Lebensjahres werden.

## Aufgabe 375

*Was regelt der Lohn- und Gehaltstarifvertrag?*

(1) Kündigungsfristen für Arbeitnehmende
(2) Ausbildungsvergütung
(3) Urlaub
(4) Arbeitszeit
(5) Überstunden

## Aufgabe 376

*Welche der folgenden Tarifregelungen steht im Manteltarifvertrag?*

(1) Frühester und spätester Arbeitsbeginn bei gleitender Arbeitszeit.
(2) Der Ecklohn.
(3) Die Dauer des Urlaubs.
(4) Die Mitbestimmung der Arbeitnehmerinnen und Arbeitnehmer.
(5) Gesetzliche Kündigungsfristen.

## Aufgabe 377

*Bestimmen Sie, welche Aussage über Manteltarifverträge zutrifft.*

(1) Die in Manteltarifverträgen vereinbarten Bedingungen können vom Arbeitgeber bei Vorliegen wichtiger Gründe vorübergehend aufgehoben werden.

(2) Manteltarifverträge regeln z.B. die Arbeitszeit, Schichtzuschläge, Überstundenzuschläge.
(3) Manteltarifverträge werden zwischen Betriebsräten und einzelnen Arbeitgebern abgeschlossen.
(4) Die Gewerkschaften können einen Manteltarifvertrag für allgemeinverbindlich erklären.
(5) Die Bundesministerin des Innern kann einen Manteltarifvertrag kündigen.

## Aufgabe 378

*Ein Tarifvertrag enthält folgende Vereinbarung: „Die regelmäßige Arbeitszeit beträgt ohne Pausen 38 Stunden in der Woche. Betrieblich kann eine kürzere Arbeitszeit vereinbart werden.“ Was bedeutet das?*

(1) Die Gehaltsvereinbarungen beziehen sich grundsätzlich auf eine 38-Stunden-Woche. Mehrarbeit muss durch entsprechende Überstundenzuschläge vergütet werden.
(2) Eine kürzere Arbeitszeit kann nur dann vorgesehen werden, wenn dafür mindestens 38 Lohnstunden vergütet werden.
(3) Keiner aus der Belegschaft darf aufgefordert werden, Überstunden gegen Entgelt zu leisten.
(4) Es darf in keinem Falle länger als 38 Stunden wöchentlich gearbeitet werden.
(5) Die Beschäftigten haben kein Recht, die Arbeitszeit durch Pausen zu unterbrechen.

## Aufgabe 379

*Bestimmen Sie, welche Aussage über Tarifverträge zutrifft.*

(1) Die Tarifverträge sind rechtlich nicht bindend, sondern sind als Empfehlung an die Mitglieder der Tarifparteien zu sehen.
(2) Für allgemeinverbindlich erklärte Tarifverträge gelten für alle unter ihren Geltungsbereich fallenden Arbeitsverhältnisse ohne Rücksicht auf Verbands- oder Gewerkschaftszugehörigkeit.
(3) Während der Laufzeit von Tarifverträgen sind Streiks und Aussperrungen nur dann erlaubt, wenn sie 4 Wochen vorher angekündigt werden.
(4) Die Bestimmungen eines Tarifvertrags gelten gleichzeitig als Mindest- und Höchstbedingungen; sie können weder unter- noch überschritten werden.

(5) Was in den Tarifverträgen vereinbart wird, ist erst dann für die Tarifparteien als rechtsverbindlich anzusehen, wenn der Bundesarbeitsminister seine Zustimmung erteilt hat.

## Aufgabe 380

*Was versteht man im Tarifrecht unter Friedenspflicht?*

(1) Bei Beginn der Tarifverhandlungen dürfen die Arbeitnehmenden zur Untermauerung ihrer Forderungen den Streik ausrufen.
(2) Die Tarifparteien können nach dem Gesetz erst 2 Monate nach dem Scheitern der Verhandlungen Kampfmaßnahmen ergreifen.
(3) Während der Laufzeit desTarifvertrags dürfen keine Kampfmaßnahmen gegen die bestehenden Vereinbarungen durchgeführt werden.
(4) Bei Tarifverhandlungen versuchen die Tarifpartner, unter Vorsitz eines Regierungsmitglieds zu einem Kompromiss zu kommen.
(5) Beim Scheitern von Tarifverhandlungen bemüht sich ein Schlichter um das Zustandekommen eines Tarifvertrags.

## Aufgabe 381

*Bringen Sie die folgenden Phasen eines Tarifkonflikts in die richtige Reihenfolge, indem Sie die Ziffern 1 bis 8 eintragen.*

| | |
|---|---|
| Ein neutraler Schlichter macht einen Kompromissvorschlag. | ☐ |
| Die Arbeitnehmenden stimmen für einen Streik. | ☐ |
| Die Gewerkschaft legt den Arbeitgebervertreter/-innen ihre Lohnforderung vor. | ☐ |
| Gewerkschaft und Arbeitgebervertreter/-innen verhandeln ohne Erfolg. | ☐ |
| Die Arbeitgebervertreter/-innen bringen in die nun folgenden Verhandlungen ihr Angebot ein. | ☐ |
| Der Vorschlag des Schlichters wird abgelehnt. | ☐ |
| Die Arbeitgeber sperren die Arbeitnehmenden aus. | ☐ |
| Neue Verhandlungen zwischen Gewerkschaften und Arbeitgebervertreter/-innen. | ☐ |

## Aufgabe 382

*Bestimmen Sie, welche Aussage zu Tarifverträgen bzw. Tarifauseinandersetzungen zutrifft.*

(1) Die zuständige Stelle für Rechtsstreitigkeiten zwischen den Tarifpartnern ist der Bundesgerichtshof.
(2) Ein Streik wird durchgeführt, wenn mindestens 75 % aller Betriebsangehörigen zustimmen.
(3) Während der Dauer der Friedenspflicht dürfen keine Kündigungen ausgesprochen werden.
(4) Tarifverträge können nur zwischen den Arbeitgeberverbänden und den Gewerkschaften abgeschlossen werden.
(5) Tarifverträge werden zunächst nur für die Mitglieder der jeweiligen Tarifvertragsparteien ausgehandelt.

## Aufgabe 383

*In der Teekontor Hein KG werden verschiedene Maßnahmen zur Entwicklung der Mitarbeitenden durchgeführt. Ordnen Sie zu, indem Sie die Kennziffern von drei der insgesamt sechs Maßnahmen in die Kästchen bei den Arten beruflicher Entwicklung eintragen.*

**Maßnahmen**

(1) Einweisung in ein neues Kopiergerät
(2) krankheitsbedingtes Erlernen eines zweiten Berufs
(3) Vorbereitung auf die Prüfung zum Fachwirt
(4) dreitägige Schulung zum neuen WWS
(5) Teilnahme an einer Betriebsversammlung
(6) Tagung zum Thema „Umweltschutz“

**Arten beruflicher Entwicklung**

Umschulung ☐

Aufstiegsfortbildung ☐

Anpassungsfortbildung ☐

## Aufgabe 384

*Eine ältere langjährige Kollegin in der Teekontor Hein KG kann ihren Beruf als Fachkraft für Lagerlogistik laut Feststellung der Prüfstelle der Berufsgenossenschaft nicht mehr ausüben. Die Deutsche Rentenversicherung hat als Maßnahme eine Ausbildung zur Kauffrau für*

*Büromanagement bewilligt. Bestimmen Sie, um welche Maßnahme es sich hier handelt.*

(1) Um eine berufliche Fortbildung wegen der Befähigung zu einer anderen beruflichen Tätigkeit.
(2) Um eine Anpassungsfortbildung zum Erwerb weiterführender Kenntnisse.
(3) Um eine medizinische Reha-Maßnahme aus gesundheitlichen Gründen.
(4) Um eine Umschulung zu Befähigung des Arbeitens in einer anderen beruflichen Tätigkeit.
(5) Um eine Umschulung durch Zuordnung zu einer anderen Berufsschule.

## Aufgabe 385

*In welchem Gesetz ist die freie Berufswahl verankert?*

(1) Im Handelsgesetzbuch.
(2) Im Bürgerlichen Gesetzbuch.
(3) Im Grundgesetz.
(4) Im Tarifvertragsgesetz.
(5) Im Betriebsverfassungsgesetz.

## Aufgabe 386

*Ihr Freund Guiseppe Calzone führt ein kleines Restaurant in Hamburg. Nach der Schule hatte er Einzelhandelskaufmann gelernt und ein paar Jahre gearbeitet. Prüfen Sie, wie sich die zunehmende Globalisierung auf Herrn Calzone auswirkt.*

(1) Er kann frei wählen, in welchem Land er ein anderes Restaurant eröffnen möchte.
(2) Er hat Anspruch darauf, dass sein Berufsabschluss weltweit anerkannt wird.
(3) Er hat beim Einkauf von Weinen aus Chile Anspruch darauf, in Euro zu zahlen.
(4) Gewinne aus dem Betrieb seines Restaurants kann er steuerfrei im Ausland anlegen.
(5) Von ihm werden berufliche Flexibilität und Fremdsprachenkenntnisse erwartet.

## Aufgabe 387

*Nach erfolgreichem Bestehen Ihrer Abschlussprüfung überlegen Sie, eine berufliche Neuorientierung in einem anderen europäischen Land zu wagen. Sie füllen einen Europass-Lebenslauf aus. Im Formular werden Sie u. a. aufgefordert, Ihre sozialen, organisatorischen und technischen Kompetenzen anzugeben. Bestimmen Sie den Eintrag, der zu den sozialen Kompetenzen gehört.*

(1) sehr gute Englischkenntnisse in Wort und Schrift
(2) gute Fähigkeit zur Teamarbeit durch Erfahrung in verschiedenen Projektteams
(3) gute Organisationsfähigkeit im Bereich Lagerhaltung
(4) Note „gut“ im Prüfungsbereich Wirtschafts- und Sozialkunde in der Abschlussprüfung
(5) sehr gut im Umgang mit Textverarbeitungs- und Präsentationssoftware

## Aufgabe 388

*Sie vervollständigen den Europa-Lebenslauf. Ordnen Sie zu, indem Sie die Kennziffern der vier Kriterien in die Kästchen neben den vier Angaben eintragen.*

**Kriterien**
(1) soziale Kompetenzen
(2) organisatorische Kompetenzen
(3) IKT-Kenntnisse (Informations- und Kommunikationstechnologie)
(4) künstlerische Fähigkeiten

**Angaben**

| | |
|---|---|
| Beherrschung von Office-Anwendungsprogrammen | ☐ |
| Kontaktfreudig | ☐ |
| Erfahrungen in Projektleitung | ☐ |
| Gitarre spielen | ☐ |

**Aufgabe 389**

*Sie überlegen, eine neue Arbeitsstelle in Frankreich anzutreten. Als Bürger der Europäischen Union haben Sie das Recht, in einem anderen EU-Mitgliedsstaat zu arbeiten. Bestimmen Sie den Fachbegriff für dieses Recht.*

(1) Freizügigkeit
(2) Liberalismus
(3) Allgemeinverbindlichkeit
(4) Koalitionsfreiheit
(5) Mobilität

**Aufgabe 390**

*Für alle Staatsbürger*innen der EU gilt die Niederlassungsfreiheit. Welches Recht haben die Bürger*innen dadurch?*

(1) Sie dürfen in jedem Mitgliedsland arbeiten.
(2) Sie dürfen in jedes Mitgliedsland ohne Ausweiskontrolle reisen.
(3) Sie dürfen in jedes Mitgliedsland so viel Geld transferieren wie sie möchten.
(4) Sie dürfen in jedes Mitgliedsland unbegrenzt Waren einführen.
(5) Sie dürfen in jedem Mitgliedsland ein Unternehmen gründen.

# 2. Nachhaltige Existenzsicherung

**Aufgabe 391**

*Welche Leistung zählt zu den freiwilligen Sozialleistungen, die die Teekontor Hein KG für ihre Mitarbeitenden zahlt?*

(1) Beiträge zur Rentenversicherung
(2) Beiträge zur betrieblichen Altersversorgung
(3) Beiträge zur Unfallversicherung
(4) Beiträge zur Krankenversicherung
(5) Beiträge zur Arbeitslosenversicherung

**Aufgabe 392**

*Wer zahlt die Beiträge zur Sozialversicherung für KV, PV, RV und AV im Normalfall?*

(1) Die Teekontor Hein KG zahlt den gesamten Betrag.
(2) Die Arbeitnehmerinnen und Arbeitnehmer zahlen den gesamten Betrag.
(3) Die Arbeitnehmerinnen und Arbeitnehmer und die Teekontor Hein KG je zur Hälfte.
(4) Die Krankenkasse.
(5) Der Arbeitgeberverband.

## Aufgabe 393

*Wer zahlt die Beiträge zur gesetzlichen Unfallversicherung?*

(1) Die Teekontor Hein KG zahlt den gesamten Betrag.
(2) Die Arbeitnehmerinnen und Arbeitnehmer zahlen den gesamten Betrag.
(3) Die Arbeitnehmerinnen und Arbeitnehmer und die Teekontor Hein KG je zur Hälfte.
(4) Die Berufsgenossenschaft.
(5) Der Arbeitgeberverband.

## Aufgabe 394

*An wen muss die Teekontor Hein KG die Rentenversicherungsbeiträge für ihre Mitarbeitenden überweisen?*

(1) An die zuständigen Rentenversicherer.
(2) An das Finanzamt.
(3) An die Bundesversicherungsanstalt für Angestellte.
(4) An die zuständige Krankenkasse.
(5) An die Landesversicherungsanstalt.

## Aufgabe 395

*Bestimmen Sie, welche Aussage zur gesetzlichen Rentenversicherung richtig ist.*

(1) Die Höhe der Leistungen wird durch den Versicherungsvertrag vereinbart.
(2) Der freiwillige Beitritt ist nicht möglich.
(3) Der Träger ist eine juristische Person des privaten Rechts.
(4) Der Beitrag wird allein vom Arbeitgeber getragen.
(5) Der Beitrag richtet sich nach dem Bruttoarbeitsverdienst.

## Aufgabe 396

*Welche Institution ist Träger der Unfallversicherung der Teekontor Hein KG?*

(1) Bundesvereinigung der privaten Versicherer
(2) Industrie- und Handelskammer
(3) Großhandels- und Lagereiberufsgenossenschaft
(4) Bundesvereinigung der Deutschen Arbeitgeberverbände
(5) Deutscher Gewerkschaftsbund

## Aufgabe 397

*Ein zurzeit arbeitsunfähiger Arbeitnehmer erhält sein Krankengeld nicht von der Krankenkasse, sondern von der Berufsgenossenschaft. Bestimmen Sie, welche Aussage richtig ist.*

(1) Der Arbeitnehmer war arbeitslos als er krank wurde.
(2) Der Arbeitnehmer ist während seiner Krankheit 67 Jahre alt geworden (Ruhestand).
(3) Es handelt sich um einen Angestellten, der mit seinem Verdienst über der Versicherungspflichtgrenze liegt und daher nicht krankenversicherungspflichtig ist.
(4) Der Arbeitnehmer ist wegen einer Berufskrankheit oder eines Arbeitsunfalles vorübergehend arbeitsunfähig.
(5) Der Arbeitnehmer wurde durch einen Freizeitunfall erwerbsunfähig.

## Aufgabe 398

*Geben Sie an, welche Aussage über die gesetzliche Krankenversicherungrichtig ist.*

(1) Alle Angestellten sind unabhängig von der Höhe ihres Bruttogehalts bei der gesetzlichen Krankenversicherung versicherungspflichtig.
(2) Für die gesetzliche Krankenversicherung gibt es als einheitlichen Versicherungsträger die Allgemeinen Ortskrankenkassen, denen die Ersatz- und Betriebskrankenkassen unterstellt sind.
(3) Kaufmännische Angestellte erhalten im Krankheitsfall 4 Wochen ihr Gehalt weiter, danach beziehen sie Krankengeld.
(4) Jedes versicherungspflichtige Belegschaftsmitglied kann sich statt bei einer Pflicht- bzw. Ersatzkasse auch bei einer Privatkrankenkasse versichern.

(5) Die Teekontor Hein KG muss grundsätzlich die versicherungspflichtigen Belegschaftsmitglieder zur Krankenversicherung anmelden.

## Aufgabe 399

*Was versteht man in der gesetzlichen Rentenversicherung unter der Beitragsbemessungsgrenze?*

(1) Den Betrag, von dem höchstens der Versicherungsbeitrag berechnet wird.
(2) Den Betrag, mit dem die Versicherungspflicht beginnt.
(3) Den jeweils geltenden Prozentsatz für die Beitragsberechnung.
(4) Den Betrag, mit dem die Versicherungspflicht endet.
(5) Den Prozentsatz für die Beitragsberechnung, der nicht überschritten werden darf.

## Aufgabe 400

*Ordnen Sie zu, indem Sie die Kennziffern von drei der insgesamt sechs Leistungsfälle in die Kästchen bei den Sozialversicherungsträgern eintragen.*

**Leistungsfälle**

(1) Ein Angestellter verursacht auf dem Heimweg von der Arbeit einen Autounfall mit Sachschaden an seinem Pkw.
(2) Eine Buchhalterin verunglückt auf einer Urlaubsreise und wird erwerbsunfähig.
(3) Ein arbeitsloser Nachtwächter wird umgeschult.
(4) Eine Sekretärin wird am Blinddarm operiert.
(5) Ein Außendienstmitarbeiter verunglückt mit seinem Pkw auf einer Fahrt zu Kunden und wird erwerbsunfähig
(6) Eine Arbeitnehmerin erhält Mutterschaftsgeld.

**Sozialversicherungsträger**

Deutsche Rentenversicherung ☐

Berufsgenossenschaft ☐

Bundesagentur für Arbeit ☐

## Aufgabe 401

*Welches Gericht ist für eine Mitarbeiterin zuständig, die sich gegen die Ablehnung eines Antrags auf Kurbehandlung wehren will?*

(1) Das Verwaltungsgericht.
(2) Das Landgericht.
(3) Das Amtsgericht.
(4) Das Sozialgericht.
(5) Das Arbeitsgericht.

## Aufgabe 402

*Welche Versicherung gehört zu den Individualversicherungen?*

(1) Die Krankenversicherung.
(2) Die Rentenversicherung.
(3) Die Pflegeversicherung.
(4) Die Arbeitslosenversicherung.
(5) Die Kapitallebensversicherung.

## Aufgabe 403

*Bestimmen Sie, welche Aussage zu den Steuern in der Bundesrepublik Deutschland richtig ist.*

(1) Über die Verwendung des Steueraufkommens kann der/die Steuerpflichtige nicht direkt mitentscheiden.
(2) Das gesamte Steueraufkommen wird gleichmäßig auf den Bund, die Länder und Gemeinden verteilt.
(3) Steuern sind zweckgebundene Einnahmen des Staates.
(4) Alle Steuern können von der Bundesregierung zum Ausgleich von Einnahmedefiziten erhöht werden.
(5) Steuern sind Geldleistungen an Bund, Länder und Gemeinden mit dem Anspruch auf eine unmittelbare Gegenleistung.

## Aufgabe 404

*Welche Steuer zählt zu den Verkehrssteuern?*

(1) Körperschaftsteuer
(2) Umsatzsteuer
(3) Tabaksteuer
(4) Gewerbesteuer
(5) Kirchensteuer

## Aufgabe 405

*Welche Aufzählung enthält ausschließlich Besitzsteuern?*

(1) Lohnsteuer – Grundsteuer – Mineralölsteuer
(2) Einkommensteuer – Kirchensteuer – Tabaksteuer
(3) Kraftfahrzeugsteuer – Lohnsteuer – Mineralölsteuer
(4) Körperschaftsteuer – Gewerbesteuer – Einkommensteuer
(5) Mineralölsteuer – Vermögensteuer – Umsatzsteuer

## Aufgabe 406

*Bestimmen Sie, welche Aussage über Steuern richtig ist.*

(1) Besitzsteuern unterteilen sich in Personen- und Verkehrssteuern.
(2) Alle Steuern werden direkt von den Finanzämtern eingezogen.
(3) Bei den indirekten Steuern wird die Leistungsfähigkeit der einzelnen Steuerzahler/-innen berücksichtigt.
(4) Bei den direkten Steuern wird die Leistungsfähigkeit der einzelnen Steuerzahler/-innen nicht berücksichtigt.
(5) Grundsätzlich werden alle Endverbraucher/-innen, unabhängig von ihrer Leistungsfähigkeit, mit dem gleichen Umsatzsteuersatz belastet.

## Aufgabe 407

*Was versteht man unter Gemeinschaftssteuern?*

(1) Steuern, die die Europäische Union zur Finanzierung ihrer Ausgaben erhebt.
(2) Steuern, die kirchliche Gemeinschaften erheben können.
(3) Steuern, deren Aufkommen z. B. zwischen Bund und Ländern aufgeteilt wird.
(4) Steuern, die den Gesellschafter/-innen einer OHG gemeinschaftlich auferlegt werden.
(5) Steuern, die den Mitgliedern einer Genossenschaft gemeinschaftlich auferlegt werden.

## Aufgabe 408

*Welche Steuer ist eine Gemeinschaftssteuer?*

(1) Umsatzsteuer
(2) Vermögensteuer
(3) Grundsteuer
(4) Kfz-Steuer
(5) Mineralölsteuer

## Aufgabe 409

*Ordnen Sie zu, indem Sie die Kennziffern von drei der insgesamt sechs Steuerarten in die Kästchen bei den Steuerempfängern eintragen.*

**Steuerarten**
(1) Kraftfahrzeugsteuer
(2) Mineralölsteuer
(3) Hundesteuer
(4) Einkommensteuer
(5) Börsenumsatzsteuer
(6) Tabaksteuer

**Steuerempfänger**

Bund, Länder und Gemeinden ☐

nur die Länder ☐

nur die Gemeinden ☐

## Aufgabe 410

*Geben Sie an, welche Aussage über den Haushaltsplan der Bundesrepublik Deutschland richtig ist.*

(1) Einzige Finanzierungsquelle des Bundeshaushalts sind die Steuern.
(2) Die Hundesteuer ist auf der Einnahmenseite die größte Einzelsteuer.
(3) Die Ausgaben für soziale Sicherung stellen den größten Anteil auf der Ausgabenseite.
(4) Eine Kreditaufnahme wird im Haushaltsplan nicht erfasst.
(5) Zum Ausgleich eines Einnahmedefizits kann die Bundesregierung Steuersenkungen durchsetzen.

# 3. Unternehmen und Verbraucher in Wirtschaft und Gesellschaft

## Aufgabe 411

*Welche Abteilung der Teekontor Hein KG beschäftigt sich mit dem Informationsfluss von Bedarfsmeldung über Anfrage, Angebot, Angebotsvergleich und Bestellung?*

(1) Die Versandabwicklung.
(2) Die Lagerbestandsführung.
(3) Die Verpackungsabteilung.
(4) Die Auftragsannahme.
(5) Die Beschaffungsabteilung.

## Aufgabe 412

*Sie sind im Wareneingang der Teekontor Hein KG eingesetzt und sollen die Wareneingangsmeldungen an* ***zwei*** *innerbetriebliche Bereiche zur Kontrolle weitergeben. An welche* ***zwei*** *Bereiche/Abteilungen leiten Sie die Meldungen weiter?*

(1) Personalabteilung
(2) Marketing
(3) Buchhaltung
(4) Einkauf
(5) Produktion
(6) Vertrieb

## Aufgabe 413

*Wo müssen Sie den Lager- und Transportbereich in die betrieblichen Prozesse einordnen und welche Konsequenzen ziehen Sie daraus für Ihr Handeln?*

(1) Der Lager- und Transportbereich ist der Produktion zuzuordnen und Ihre Arbeit besteht darin die Fertigung mit Material zu versorgen.
(2) Der Lager- und Transportbereich ist dem Einkauf zuzuordnen und Sie beschäftigen sich mit der Beschaffung von Lagermaterial.
(3) Der Lager- und Transportbereich ist dem Logistikbereich zuzuordnen. Damit haben Sie bei Ihrer Arbeit Kontakt zu fast allen anderen Betriebsbereichen.

(4) Der Lager- und Transportbereich ist der Arbeitsvorbereitung zuzuordnen und Sie planen, wann wie viel Material in der Produktion benötigt wird.
(5) Der Lager- und Transportbereich ist dem Absatz zuzuordnen und Ihre Arbeit besteht darin, die Absatzplanung zu erstellen.

## Aufgabe 414

*Ordnen Sie zu, indem Sie Kennziffern von drei der insgesamt sechs Tätigkeiten in die Kästchen neben den Abteilungen eintragen.*

**Tätigkeiten**
(1) Durchführen eines Angebotsvergleiches
(2) Ausfahren der Ware an Kunden
(3) Durchführen der Inventur
(4) Einstellen einer neuen Mitarbeiterin
(5) Überwachung des Zahlungseinganges
(6) Überprüfen des beladenen Lkw

**Abteilungen**

Lager ☐

Einkauf ☐

Buchhaltung ☐

## Aufgabe 415

*Logistische Prozesse finden sich in vielen Bereichen der Teekontor Hein KG. Ordnen Sie zu, indem Sie die Kennziffern der vier Logistikbereiche in die Kästchen neben den vier Logistikbeschreibungen eintragen.*

**Logistikbereiche**
(1) Beschaffungslogistik
(2) Produktionslogistik
(3) Distributionslogistik
(4) Entsorgungslogistik

**Logistikbeschreibungen**

Übernahme von Gütern aus der Fertigung zur Weiterleitung an Kunden ☐

Einkauf von Gütern bei Herstellern zur Lagerung oder Weiterverarbeitung ☐

umweltfreundliche und kostengünstige Abfallverarbeitung ☐

Sicherung der Bereitstellung von Rohstoffen und Halbfertigwaren für die Fertigung ☐

## Aufgabe 416

*Was versteht man unter der Aufbauorganisation der Teekontor Hein KG?*

(1) Die Gliederung in Einheiten, Bereiche und Abteilungen.
(2) Die Alterspyramide der Mitarbeitenden.
(3) Die Zusammensetzung der Geschäftsleitung.
(4) Den Aufbau des Lagers.
(5) Die Organisation des Betriebsrats.

## Aufgabe 417

*Was versteht man unter einer Stellenbeschreibung?*

(1) Eine Stellenanzeige in der Tageszeitung.
(2) Die Kennzeichnung eines Lagerplatzes im Lagerplan.
(3) Die schriftliche Festlegung der Funktionen und Kompetenzen eines betrieblichen Arbeitsplatzes.
(4) Die Beschreibung des Informationsflusses zwischen verschiedenen Stellen eines Betriebes.
(5) Die Darstellung von Arbeitsabläufen an einem Arbeitsplatz.

## Aufgabe 418

*Bestimmen Sie, welche Aussage über die Aufbauorganisation der Teekontor Hein KG richtig ist.*

(1) Beim Stabliniensystem sind keine klaren Anordnungs- und Entscheidungsbefugnisse möglich.
(2) Beim Stabliniensystem haben die Stabsabteilungen Weisungsbefugnis gegenüber den Linienabteilungen.
(3) Beim Liniensystem sind keine klaren Anordnungs- und Entscheidungsbefugnisse möglich.
(4) Beim Stabliniensystem haben die Stabsstellen als Hauptaufgabe Beratung und Information und keine Weisungsbefugnis.
(5) Beim Liniensystem hat die Unternehmensleitung einen fachlichen Beraterstab zur Seite.

## Aufgabe 419

*Welche Tätigkeit gehört in den Bereich der Ablauforganisation?*

(1) Erstellen von Terminplänen und Kontrollen ihrer Einhaltung
(2) Bilden der Bereiche Beschaffung, Lagerung, Verkauf und Rechnungswesen
(3) Erstellen einer Stellenbeschreibung für den Einkauf
(4) Bilden einer Revisionsabteilung als Stabsstelle
(5) Kompetenzabgrenzung des Einkaufsleiters

## Aufgabe 420

*Welches Ziel hat die Ablauforganisation eines Betriebes?*

(1) Sie soll ausschließlich die Abteilungsgliederung eines Betriebes zeigen.
(2) Sie zeigt alle Abteilungen eines Betriebes und deren Weisungsberechtigte auf.
(3) Sie soll ausschließlich für die Durchführung der Anweisungen der Unternehmensleitung sorgen.
(4) Sie soll die Arbeitsvorgänge aus Gründen der Wirtschaftlichkeit so ordnen, dass kurze Durchlaufzeiten erreicht werden.
(5) Sie soll neu eintretenden Arbeitnehmenden den Überblick über die Organisationsstruktur des Betriebes erleichtern.

## Aufgabe 421

*Welcher Fall entspricht dem ökonomischen Prinzip als Maximalprinzip?*

(1) Die Teekontor Hein KG will die Anteilsmehrheit an einer fremden Kapitalgesellschaft möglichst kostengünstig erwerben, um ihren Einfluss zu erweitern.
(2) Die Teekontor Hein KG will mit möglichst wenigen Mitteln einen möglichst hohen Gewinn erzielen.
(3) Die Teekontor Hein KG will für eine festgelegte Produktionsmenge Teebeutel die Kosten möglichst geringhalten.
(4) Die Teekontor Hein KG will bei der Einführung des neuen Biotees für eine bestimmte Zeit einen sehr hohen Werbeaufwand in Kauf nehmen.
(5) Die Teekontor Hein KG will mit vorgegebenem Werbeaufwand für den neuen biologischen Tee einen möglichst hohen Umsatz erzielen.

## Aufgabe 422

*In welchem Fall handelt eine Werkzeugfabrik nach dem ökonomischen Prinzip als Minimalprinzip?*

(1) Wenn sie mit möglichst wenig Energie möglichst viele Werkzeuge herstellt.
(2) Wenn sie einem neuen Kunden minimale Transportkosten berechnet.
(3) Wenn sie zur Fertigung von 100 Werkzeugen möglichst wenig Material verbraucht.
(4) Wenn sie aus einer Tonne Stahl möglichst viele Werkzeuge herstellt.
(5) Wenn sie einen maximalen Werbeerfolg mit minimalem Werbeaufwand anstrebt.

## Aufgabe 423

*Ordnen Sie zu, indem Sie Kennziffern von drei der insgesamt sechs Maßnahmen der Teekontor Hein KG in die Kästchen neben den unternehmerischen Zielen eintragen.*

**Maßnahmen**

(1) Die Einkaufsabteilung sucht den günstigsten Anbieter von Matetee, um später beim Verkauf die Gewinnspanne erhöhen zu können.
(2) Die Verkaufsabteilung bietet Neukund/-innen einen Einführungsrabatt an.
(3) Die Buchhaltung überweist die Beiträge zur Sozialversicherung an die Krankenkassen.
(4) Im Lager wird beim Kauf neuer Stapler auf ergonomisch verstellbare Sitze geachtet.
(5) Die Teekontor Hein KG unterstützt indische Teegärten bei der Umstellung auf den Tee-Anbau ohne Einsatz chemischer Düngemittel.
(6) Die Geschäftsleitung entscheidet sich zur Einführung eines neuen Warenwirtschaftssystems.

**Ziele**

ökologisches Ziel ☐

soziales Ziel ☐

ökonomisches Ziel ☐

## Aufgabe 424

*In welchem Fall kooperiert die Teekontor Hein KG vertikal mit einem anderen Unternehmen?*

(1) Die Teekontor Hein KG kooperiert mit einer anderen Teegroßhandlung bei der Erprobung neuer Teemischungen.
(2) Die Teekontor Hein KG beteiligt sich an einer Schiffsreederei, um günstigere Charterbedingungen für den Seetransport zu erreichen.
(3) Die Teekontor Hein KG beauftragt eine Werbeagentur mit einer Werbeaktion für den neuen Früchtetee.
(4) Die Teekontor Hein KG exportiert drei Container mit Zubehörteilen für eine neue Teemischanlage nach Übersee.
(5) Die Teekontor Hein KG will durch eine Verkaufsaktion für ökologischen Tee den Erfahrungshorizont ausgewählter Teestuben erweitern.

## Aufgabe 425

*Stellen Sie fest, bei welcher Maßnahme es sich um ein verbotenes Kartell handelt.*

(1) Mehrere Tee-Einzelhandlungen gründen eine gemeinsame Einkaufsgesellschaft, um höhere Mengenrabatte zu erzielen.
(2) Die Teekontor Hein KG bietet Inhabern von Teestuben, die zu ihren Stammkunden zählen, ein geschäftliches Darlehen an.
(3) Die drei größten Teeimporteure legen nach Absprache täglich die Importpreise für Assamtee fest.
(4) In einem Einkaufscenter bieten alle Lebensmitteleinzelhandlungen eine gemeinsame Verkostungsprobe an.
(5) Die Teekontor Hein KG beteiligt sich an einer Schiffsreederei, um günstigere Charterbedingungen für den Seetransport zu erreichen.

## Aufgabe 426

*Die Teekontor Hein KG kauft das konkurrierende Unternehmen Rinnefeld GmbH auf. Die Rinnefeld GmbH bleibt unter ihrem bisherigen Namen rechtlich selbstständig. Welcher Unternehmenszusammenschluss ist dadurch entstanden?*

(1) Konzern
(2) Aktiengesellschaft

(3) GmbH & Co. KG
(4) Konzentrationsgesellschaft
(5) Kartell

## Aufgabe 427

*Welche Unternehmensform hat nur Vollhafter?*

(1) Die Aktiengesellschaft (AG)
(2) Die Kommanditgesellschaft (KG)
(3) Die Gesellschaft mit beschränkter Haftung (GmbH)
(4) Die Offene Handelsgesellschaft (OHG)
(5) Die Genossenschaft (eG)

## Aufgabe 428

*Ordnen Sie zu, indem Sie die Kennziffern von drei der insgesamt sechs Aussagen in die Kästchen bei den Unternehmensformen eintragen.*

**Aussagen**

(1) Das Kapital wird von Vollhaftern und Teilhaftern aufgebracht.
(2) Alle Gesellschafter/-innen sind nach dem Gesetz zur Geschäftsführung berechtigt.
(3) Die Gründung müssen mindestens 3 Personen leisten.
(4) Das Stammkapital muss mindestens 25.000,00 € betragen.
(5) Geschäftsführer und Unternehmer haften unmittelbar und uneingeschränkt, auch mit ihren Privatvermögen.
(6) Kommanditist/-innen sind nach HGB zur Vertretung der Gesellschaft berechtigt.

**Unternehmensformen**

| | |
|---|---|
| OHG | ☐ |
| Einzelunternehmen | ☐ |
| KG | ☐ |

## Aufgabe 429

*Bestimmen Sie, welche Aussage zu den Personengesellschaften richtig ist.*

(1) Zu den Personengesellschaften zählen OHG und KG.
(2) Zu den Personengesellschaften zählen OHG und GmbH.

(3) Bei den Personengesellschaften haften die Gesellschafter/-innen nur mit dem eingezahlten Kapital.
(4) Bei den Personengesellschaften haften alle Gesellschafter/-innen immer mit dem Privatvermögen.
(5) Personengesellschaften müssen immer Vor- und Zuname des Vollhafters tragen.

## Aufgabe 430

*Welche/-r Gesellschafter/-in haftet unbeschränkt, solidarisch und unmittelbar?*

(1) Mitglied einer Genossenschaft
(2) OHG-Gesellschafter/-in
(3) Kommanditist/-in der Kommanditgesellschaft
(4) GmbH-Gesellschafter/-in
(5) Aktionär

## Aufgabe 431

*Wer hat nach dem HGB in einer Kommanditgesellschaft die Geschäftsführung und Vertretung, wenn im Gesellschaftsvertrag keine andere Vereinbarung getroffen wurde?*

(1) Die Komplementär/-innen.
(2) Die Kommanditist/-innen.
(3) Die Komplementär/-innen und die Kommanditist/-innen gemeinsam.
(4) Alle Gesellschafter/-innen gemeinsam.
(5) Der Vorstand.

## Aufgabe 432

*Wodurch wird eine GmbH rechtsfähig?*

(1) Durch Gründungsbeschluss der Gesellschafter/-innen.
(2) Durch notarielle Beurkundung des Gesellschaftervertrages.
(3) Durch Veröffentlichung der Handelsregistereintragung.
(4) Durch Eintragung in das Handelsregister.
(5) Durch tatsächliche Geschäftsaufnahme.

## Aufgabe 433

*Bestimmen Sie, welche Aussage auf die GmbH zutrifft.*

(1) Das Mindesthaftungskapital einer GmbH bezeichnet man als Stammkapital.
(2) Die Gesellschafterin oder der Gesellschafter einer GmbH kann nicht zugleich auch Geschäftsführer/-in der GmbH sein.
(3) Die GmbH wird in das Handelsregister, Abteilung A, eingetragen.
(4) Eine GmbH muss bei über 50 ständig beschäftigten Mitarbeitenden einen Aufsichtsrat bilden.
(5) Eine GmbH kann nur durch 2 Personen mit einem Mindestkapital von 25.000,- € gegründet werden.

## Aufgabe 434

*Wie wird der Gewinn laut Gesetz bei der GmbH verteilt?*

(1) nach Stammeinlagen
(2) nach Köpfen
(3) nach dem Ermessen der Geschäftsführung
(4) 4% vom Kapital, Rest nach Köpfen
(5) es gibt keine gesetzliche Regelung

## Aufgabe 435

*Bestimmen Sie, welche Aussage auf die Aktiengesellschaft zutrifft*

(1) Sie hat keine eigene Rechtspersönlichkeit.
(2) Ihre Anteilseigner/-innen besitzen Vertretungsmacht für die Aktiengesellschaft.
(3) Ihre Anteilseigner/-innen haften mit dem Privatvermögen.
(4) Sie wird in das Handelsregister Abteilung A eingetragen.
(5) Ihr gezeichnetes Kapital (Grundkapital) ist die Summe der Nennwerte aller ausgegebenen Aktien dieser Aktiengesellschaft.

## Aufgabe 436

*Eine Gesellschaft erstrebt für ihre Mitglieder Vorteile durch Großeinkauf. Ihre Organe sind der Vorstand, der Aufsichtsrat und die Generalversammlung. Die Gesellschaft ist nicht imHandelsregister eingetragen. Welche Rechtsform liegt vor?*

(1) GmbH
(2) OHG
(3) eG
(4) AG
(5) KG

## Aufgabe 437

*An einem Unternehmen sind drei Gesellschafter/-innen beteiligt:*

| Gesell-schaf-ter/-in | Kapital | Gehalt | Verzin-sung | Restan-teil | Gesamtge-winn |
|---|---|---|---|---|---|
| A | 168.000,00 € | | | | |
| B | 320.000,00 € | | | | |
| C | 216.000,00 € | | | | |
| Summe | 704.000,00 € | | | | **228.160,00 €** |

*Der Gewinn von 228.160,00 € ist wie folgt zu verteilen:*

- C erhält vorab 80.000,00 € für die Geschäftsführung.
- Alle Gesellschafter/-innen erhalten ihre Kapitalanteile zu 4 % verzinst.
- Der Rest wird im Verhältnis 1:1:2 verteilt.

*Berechnen Sie durch Vervollständigen der Tabelle die Gewinnanteile der drei Gesellschafter/-innen.*

## Aufgabe 438

*An welcher Stelle wird das Handelsregister geführt?*

(1) Industrie- und Handelskammer
(2) Landgericht
(3) Amtsgericht
(4) Gemeindeverwaltung
(5) Finanzamt

## Aufgabe 439

*Bestimmen Sie, welche Aussage über das Handelsregister richtig ist.*

(1) In Abteilung B werden die Personengesellschaften eingetragen.
(2) Die Anmeldung zur Eintragung muss in öffentlich beglaubigter Form eingereicht werden.

(3) Es ist ein Verzeichnis aller Kaufleute eines Industrie- und Handelskammerbezirks.
(4) Es ist ein Verzeichnis aller Kaufleute eines Amtsgerichtsbezirks.
(5) Es ist ein Verzeichnis aller Unternehmen eines Amtsgerichtsbezirks.

## Aufgabe 440

*Was versteht das HGB unter „Firma"?*

(1) Einen kaufmännischen Betrieb.
(2) Ein Unternehmen mit mindestens fünf Beschäftigten.
(3) Den Namen eines Kaufmanns/einer Kauffrau, unter dem er/sie seine/ihre Handelsgeschäfte betreibt.
(4) Den bürgerlichen Namen eines Einzelunternehmens, unter dem es sein Handelsgewerbe betreibt.
(5) Ein Unternehmen, das nach Art und Umfang keinen in kaufmännischer Weise eingerichteten Geschäftsbetrieb erfordert.

## Aufgabe 441

*Um welche Gesellschaft handelt es sich bei der untenstehenden Handelsregistereintragung?*

***Amtsgericht Flensburg: Veränderungen***
*HR A 218 – 30.08.: Sievers Beton GmbH & Co. KG, Kreis Schleswig-Flensburg. Die Prokura des Kaufmanns Hans Wormsen ist erloschen.*

(1) Handelsgesellschaft
(2) Genossenschaft
(3) Kapitalgesellschaft
(4) Personengesellschaft
(5) eine erloschene Gesellschaft

## Aufgabe 442

*Was versteht die Wirtschaftslehre unter „Bedarf"?*

(1) Bedürfnisse, für deren Befriedigung Sachgüter oder Dienstleistungen zur Verfügung stehen.
(2) Bedürfnisse, für deren Befriedigung Kaufkraft vorhanden ist.
(3) Bedürfnisse, die durch Werbung entstehen.
(4) Bedürfnisse, die sich nach den individuellen Ansprüchen richten.
(5) Bedürfnisse, denen ein Angebot gegenübersteht.

## Aufgabe 443

*Bestimmen Sie, welche Aussage über die Kaufkraft des Geldes richtig ist.*

(1) Die Kaufkraft wird durch die Gütermenge festgelegt, die man mit einer Geldeinheit erwerben kann.
(2) Steigende Güternachfrage bei gleichbleibendem Angebot erhöht die Kaufkraft.
(3) Die Kaufkraft ist unabhängig von der Güter- und Geldmenge.
(4) Die Kaufkraft ist gleichbedeutend mit dem Eigenwert des Geldes.
(5) Mithilfe der Kaufkraft werden Güter verschiedener Art messbar.

## Aufgabe 444

*Bestimmen Sie, welche Aussage zur Inflation richtig ist.*

(1) Kreditnehmer/-innen werden durch eine Inflation benachteiligt, denn mit wachsender Geldentwertung müssen sie, unter Berücksichtigung der Kaufkraft, mehr tilgen.
(2) Die Lohn- und Gehaltsempfänger müssen einen Kaufkraftverlust hinnehmen, wenn die Inflationsrate höher ist als die Einkommenszuwächse.
(3) Eine Verminderung der Angebotsmenge bewirkt bei konstanter Nachfrage einen Rückgang der Preissteigerungsrate.
(4) Wenn gesamtwirtschaftlich das Angebot die Nachfrage nach Gütern und Dienstleistungen übersteigt, so steigt das Preisniveau.
(5) Die Besitzer/-innen von Sparguthaben werden durch eine Inflation nicht benachteiligt, da sich die Verzinsung der Preissteigerungsrate anpasst.

## Aufgabe 445

*Bestimmen Sie, welche Aussage über die Inflation richtig ist.*

(1) Eine Erhöhung des Bargeldumlaufs wirkt inflationshemmend.
(2) Bei einer Inflation ist in einer Volkswirtschaft zu wenig Geld im Umlauf.
(3) Die Erhöhung der Mineralölpreise hat in Industrieländern keinen Einfluss auf die inflationäre Entwicklung.
(4) Bei einer Inflation steigt die Kaufkraft des Euro beständig.
(5) Wenn Anbieter die Marktmacht haben, Preiserhöhungen durchzusetzen, verstärkt dies eine inflationäre Entwicklung.

## Aufgabe 446

*Der Nominallohn ist stärker gestiegen als das Preisniveau. Was bedeutet diese Aussage?*

(1) Der Reallohn ist gleichgeblieben.
(2) Der Reallohn ist gesunken.
(3) Der Reallohn ist gestiegen.
(4) Die Kaufkraft des Lohnes ist gleichgeblieben.
(5) Die Kaufkraft des Lohnes ist gesunken.

## Aufgabe 447

*Bestimmen Sie, welche Aussage zur Rechtsfähigkeit richtig ist.*

(1) Die Rechtsfähigkeit einer natürlichen Person beginnt mit der Volljährigkeit.
(2) Die Rechtsfähigkeit einer natürlichen Person kann durch Gerichtsurteil eingeschränkt werden.
(3) Die Rechtsfähigkeit einer natürlichen Person endet mit der Entmündigung.
(4) Die Rechtsfähigkeit einer juristischen Person beginnt mit ihrer Geschäftstätigkeit.
(5) Die Rechtsfähigkeit einer Kapitalgesellschaft endet mit der Löschung im Handelsregister.

## Aufgabe 448

*Was ist unter dem Begriff „Geschäftsfähigkeit" zu verstehen?*

(1) Träger von Rechten und Pflichten zu sein.
(2) Zulässige Rechtsgeschäfte rechtswirksam vorzunehmen.
(3) Für einen durch unerlaubte Handlung zugefügten Schaden einzustehen.
(4) Ein Handelsgeschäft zu betreiben.
(5) Vor Gericht zu klagen oder verklagt zu werden.

## Aufgabe 449

*Welcher Lebensabschnitt umfasst die gesamte Zeit, in der eine Person grundsätzlich beschränkt geschäftsfähig ist?*

(1) Bis 7 Jahre.
(2) Bis 14 Jahre.
(3) 7 bis 14 Jahre.

(4) 7 bis 18 Jahre.
(5) 14 bis 18 Jahre.

## Aufgabe 450

*Ein 17-jähriger Schüler absolviert zurzeit ein Praktikum im Lager der Teekontor Hein KG. Das gute Betriebsklima bewirkt, dass er sich gegen den Willen seiner Eltern bei der Geschäftsleitung um einen Ausbildungsplatz bewirbt. Die Geschäftsleitung würde den Schüler gerne als Auszubildenden einstellen. Weshalb kann im vorliegenden Fall ein rechtsgültiger Ausbildungsvertrag nicht abgeschlossen werden?*

(1) Der Schüler besitzt nur die beschränkte Geschäftsfähigkeit. Deshalb wäre der Ausbildungsvertrag ohne die Zustimmung der Eltern schwebend unwirksam.
(2) Der Schüler ist beschränkt geschäftsfähig und darf keinerlei Verträge schließen.
(3) Als Schüler ist er nicht voll geschäftsfähig und darf keine Arbeitsverträge abschließen.
(4) Der Schüler ist nur beschränkt rechtsfähig und bedarf daher der Zustimmung der Eltern.
(5) Der Schüler ist nur beschränkt rechtsfähig und darf keinerlei Verträge schließen.

## Aufgabe 451

*Welche Aussage zu den Möglichkeiten und Grenzen der rechtlichen Handlungsfähigkeit ist richtig?*

(1) Volljährigen Personen kann die volle Geschäftsfähigkeit durch Entmündigung abgesprochen werden.
(2) Die Willenserklärung eines Geschäftsunfähigen ist anfechtbar.
(3) Ein beschränkt Geschäftsfähiger kann ohne Einwilligung des gesetzlichen Vertreters nur einseitige Rechtsgeschäfte vornehmen.
(4) Natürliche Personen werden mit Vollendung des 16. Lebensjahres voll geschäftsfähig.
(5) Geschäftsunfähige Personen können z.B. im Rahmen des Taschengeldparagraphs bestimmte Geschäfte rechtswirksam abschließen

## Aufgabe 452

*Welche ist eine einseitige, nicht empfangsbedürftige Willenserklärung?*

(1) Antrag
(2) Annahme
(3) Anfechtung
(4) Kündigung
(5) Testament

## Aufgabe 453

*In welchem Fall handelt es sich um ein einseitiges Rechtsgeschäft?*

(1) Eine kaufmännische Angestellte schließt einen Arbeitsvertrag ab.
(2) Ein Unternehmen least einen Pkw.
(3) Eine Mieterin kündigt ihren Mietvertrag.
(4) Eine Autohändlerin verkauft ein neues Fahrzeug.
(5) Eine Auszubildende mietet ein Zimmer.

## Aufgabe 454

*Welcher mündlich geschlossene Vertrag ist nichtig?*

(1) Grundstückskaufvertrag
(2) Darlehensvertrag
(3) Werkvertrag
(4) Kaufvertrag
(5) Dienstvertrag

## Aufgabe 455

*Welches Rechtsgeschäft ist anfechtbar?*

(1) Eine Sechsjährige kauft von ihrem Taschengeld einen Füllfederhalter.
(2) Ein Kaufvertrag über ein Grundstück wird ohne eine notarielle Beurkundung geschlossen.
(3) Eine Autofahrerin verkauft ein Unfallfahrzeug mit der Zusicherung, es sei unfallfrei.
(4) Eine Angestellterin kauft Aktien in der Erwartung, dass deren Kurs steigt. Der Kurs der Aktien fällt.
(5) Eine Volltrunkene verkauft seinen neuwertigen Pkw für 50,00 €.

## Aufgabe 456

*Eine Kundin bestellt 50 Kisten Darjeeling. Durch einen Schreibfehler lautet die Bestellung über 500 Kisten. Die 500 Kisten werden geliefert. Wie ist die Rechtslage?*

(1) Wegen fehlender Übereinstimmung der Willenserklärungen ist der Vertrag nichtig.
(2) Es liegt ein Formfehler vor der zum Rücktritt vom Vertrag berechtigt.
(3) Die Kundin muss die 500 Flaschen in jedem Fall abnehmen.
(4) Es liegt ein Mangel vor den die Kundin entsprechend den Vorschriften über die Mängelrüge beanstanden kann.
(5) Die Kundin kann den Vertrag anfechten.

## Aufgabe 457

*Welches Rechtsgeschäft ist weder anfechtbar noch nichtig?*

(1) Bei einem Versandhaus wird eine vergoldete Uhr bestellt. Versehentlich wird zum gleichen Preis eine goldene Uhr geliefert und vom Besteller angenommen.
(2) Ein Gebrauchtwagenhändler verkauft wissentlich einen als unfallfrei bezeichneten Unfallwagen.
(3) Ein Bankkunde kauft 20 XY-Aktien in der Erwartung, dass der Kurs steigt. Der Kurs fällt jedoch.
(4) Eine Hauseigentümerin verkauft ihr Haus. Der Kaufvertrag wird von einem Makler beurkundet.
(5) Ein kaufmännischer Angestellter erhält eine wertvolle Briefmarkensammlung geschenkt. Zur Umgehung der Schenkungssteuer wird ein Kaufvertrag abgeschlossen.

## Aufgabe 458

*Was besagt der Grundsatz der Vertragsfreiheit?*

(1) Alle Menschen können rechtswirksam Verträge abschließen.
(2) Nur Vollgeschäftsfähige können Verträge abschließen.
(3) Vertragsinhalte können beliebig ausgestaltet werden, soweit nicht gesetzliche Vorschriften entgegenstehen.
(4) Alle Verträge müssen in Schriftform abgeschlossen werden.
(5) Nur Kaufleute dürfen Verträge schließen.

## Aufgabe 459

*Die Teekontor Hein KG erhält ein Angebot über 5 Kisten Trockenobst, Listeneinkaufspreis je Kiste 102,04 €. Nach Verhandlungen gewährt der Anbieter 40 % Rabatt und 2 % Skonto. Allerdings entstehen noch Frachtkosten in Höhe von 15,00 € je Kiste.Berechnen Sie den Einstandspreis je kg der Ware, wenn das Gesamtgewicht der Sendung brutto 270 kg wiegt und man je Kiste mit 4 kg Tara rechnet.*

## Aufgabe 460

*Aus Konkurrenzgründen darf der Einstandspreis einer Ware nicht höher sein als 1,53 € je kg. Berechnen Sie den Listeneinkaufspreis für die gesamten 8 500 kg, wenn Bezugskosten von 307,70 € entstehen und der Lieferant 3 % Skonto und 12 % Rabatt gewährt.*

## Aufgabe 461

*Die Teekontor Hein KG möchte die Einkaufsvorteile für eine größere Bestellmenge „Darjeeling First Flush" in Anspruch nehmen, hat aber nicht genügend Lagerraum. Welche Art des Kaufvertrags wäre für die Teekontor Hein KG am vorteilhaftesten?*

(1) Kauf auf Probe
(2) Fixkauf
(3) Kauf nach Probe
(4) Kauf auf Abruf
(5) Terminkauf

## Aufgabe 462

*Für eine Lieferung von 200 Säcken mit „Second Flush" vereinbaren Sie vertraglich, dass die Lieferung genau am 16. Oktober eintreffen muss. Bestimmen Sie, welche Art des Kaufes Sie vereinbart haben.*

(1) Kauf auf Abruf
(2) Sofortkauf
(3) Fixkauf
(4) Spezifikationskauf
(5) Bestimmungskauf

## Aufgabe 463

*Ein Kunde der Teekontor Hein KG schließt bereits im Frühjahr einen Kaufvertrag über 1000 Kisten Früchtetee ab. Die genaue Zusammensetzung der Mischbestandteile will er zu einem späteren Zeitpunkt bestimmen. Stellen Sie fest, welche Vertragsart vorliegt.*

(1) Kauf nach Probe
(2) Spezifikationskauf
(3) Kauf auf Abruf
(4) Stückkauf
(5) Fixkauf

## Aufgabe 464

*Sie bestellen für die Teekontor Hein KG nach Angebot bei der Obstbaugenossenschaft Plön eG fünf Säcke Trockenäpfel. Die Lieferung erfolgt vereinbarungsgemäß unmittelbar an Ihren Kunden in Nürnberg. Wie bezeichnen Sie die Abwicklung dieses Vertrages korrekt?*

(1) Fixkauf
(2) Kommissionsgeschäft
(3) Spezifikationskauf
(4) Stückkauf
(5) Streckengeschäft

## Aufgabe 465

*Eine Rechnung an die Teekontor Hein KG mit Datum 10. Januar enthält die Zahlungsbedingung: „zahlbar innerhalb 30 Tagen netto oder innerhalb von 10 Tagen mit 2 % Skonto". Prüfen Sie, wann die Teekontor Hein KG in Zahlungsverzug kommt.*

(1) Wenn sie bis zum 11. Januar nicht zahlt.
(2) Wenn sie bis zum 21. Januar nicht zahlt.
(3) Wenn sie bis zum 9. Februar nicht zahlt.
(4) Wenn sie bis zum 9. Februar einen Teilbetrag zahlt.
(5) Wenn sie bis zum 11. März nicht zahlt.

## Aufgabe 466

*Ein Kunde, dessen Zahlungsmoral in letzter Zeit stark nachgelassen hat, hat die Rechnung vom 9. Mai. die am 15. Mai fällig war, am 19. Mai noch nicht bezahlt. Stellen Sie fest, welche Aussage richtig ist.*

(1) Die Forderung verjährt am 31.12. sechs Jahre später.
(2) Dem Kunden können Verzugszinsen ab dem Fälligkeitsdatum der Rechnung berechnet werden, da er sich bereits im Zahlungsverzug befindet.
(3) Das außergerichtliche Mahnverfahren kann erst eingeleitet werden, wenn das gerichtliche Mahnverfahren erfolglos geblieben ist.
(4) Der Kunde muss gemahnt werden und ihm muss eine Nachfrist gesetzt werden. Erst dann kommt er in Zahlungsverzug.
(5) Die Klausel „Eigentumsvorbehalt" sichert den Zahlungseingang.

## Aufgabe 467

*Ordnen Sie zu, indem Sie die Kennziffern von drei der insgesamt sechs Fälle in die Kästchen bei den Krediten eintragen.*

**Fälle**

(1) Die Teekontor Hein KG überzieht ihr Girokonto bei der Hausbank.
(2) Die Teekontor Hein KG kauft Tee auf Ziel ein.
(3) Die Teekontor Hein KG verkauft Tee gegen einen Bankscheck.
(4) Die Teekontor Hein KG least einen Geschäftswagen.
(5) Die Teekontor Hein KG gewährt einem Kunden einen Kredit für 6 Monate.
(6) Die Teekontor Hein KG übereignet ihrer Hausbank einen neuen Lkw gegen Kredit.

**Kredite**

Kontokorrentkredit ☐

Darlehen ☐

Lieferantenkredit ☐

## Aufgabe 468

*Bringen Sie die folgenden Phasen einer Existenzgründung in die richtige Reihenfolge, indem Sie die Ziffern 1 bis 6 eintragen.*

Businessplan erstellen ☐

Finanzierung sichern und Startkapital besorgen ☐

Geschäftsidee entwickeln ☐

Finanzierungsplan erstellen ☐

Entscheidung zur Selbstständigkeit endgültig treffen ☐

Unternehmen starten und Beratungsangebote weiter nutzen ☐

## Aufgabe 469

*Welcher Vorteil wird der innerbetrieblichen Arbeitsteilung (Arbeitszerlegung) in erster Linie zugeschrieben?*

(1) Sie erhöht die Motivation der Arbeitnehmerinnen und Arbeitnehmer.
(2) Sie reduziert den Kapitalbedarf.
(3) Sie erhöht die Vielseitigkeit der Tätigkeiten am Arbeitsplatz.
(4) Sie steigert die Arbeitsproduktivität.
(5) Sie verbessert die Übersicht der einzelnen Arbeitnehmer/-innen über die Gesamtzusammenhänge der Produktion.

## Aufgabe 470

*Bestimmen Sie, welche Aussage zur internationalen Arbeitsteilung richtig ist.*

(1) Sie kann nur schrittweise bei bestehenden Wirtschaftsbeziehungen zwischen Ländern realisiert werden.
(2) Sie kann nur zwischen Ländern mit gleichen Wirtschaftsordnungen, z. B. bei der sozialen Marktwirtschaft, realisiert werden.
(3) Sie kann nur bei Industrieprodukten, nicht aber in der Landwirtschaft realisiert werden.
(4) Sie kann nur bei ausgeglichenen Handelsbilanzen der Länder und entsprechenden Reserven an fremder Währung realisiert werden.
(5) Sie kann nur zwischen Nachbarstaaten realisiert werden.

## Aufgabe 471

*Bestimmen Sie, welche Aussage zur Produktivität richtig ist.*

(1) Die Produktivität ist das Verhältnis von Umsatz (Verkaufserlösen) zu Gewinn.
(2) Die Produktivität ist das Verhältnis von Erträgen (z.B. Zinserträge) zu Aufwand (z.B. Mietaufwendungen).
(3) Die Produktivität ist das Verhältnis von Ausbringungsmenge (Output) zu Faktoreinsatzmenge (Input).

(4) Die Produktivität ist das Verhältnis von eingesetzter Arbeit zu eingesetztem Kapital.
(5) Die Produktivität ist das Verhältnis von Kosten zu Leistungen.

## Aufgabe 472

*In welchem Beispiel wird die höchste Produktivität im Verhältnis von eingesetzten Maschinen zur produzierten Anzahl der Stücke erzielt?*

| | Anzahl gleicher Maschinen | Produktionsergebnis in Stück |
|---|---|---|
| (1) | 30 | 300 |
| (2) | 20 | 360 |
| (3) | 15 | 300 |
| (4) | 10 | 300 |
| (5) | 5 | 140 |

## Aufgabe 473

*Welche Merkmale treffen für die soziale Marktwirtschaft zu?*

(1) staatliche Lohnfestsetzung, aber Tarifautonomie der Sozialpartner
(2) Privateigentum an den Produktionsmitteln und Sozialbindung des Eigentums
(3) Zentralplanung und Vorgabe von Daten für die Leistungserstellung
(4) kollektives Eigentum an Produktionsmitteln, aber Privateigentum an Konsumgütern
(5) staatliche Preisfestsetzung und Vollbeschäftigungsgarantie

## Aufgabe 474

*Bestimmen Sie, welche Aussage zur sozialen Marktwirtschaft richtig ist.*

(1) Durch Vergesellschaftung der Produktionsmittel wird das persönliche Risiko auf viele Schultern verteilt.
(2) Durch staatliche Lenkung der Produktion wird eine optimale Versorgung der Bevölkerung erreicht.
(3) Es gibt keine wettbewerbsordnenden Gesetze.

(4) Der Staat betreibt keine eigene Konjunkturpolitik, sondern überlässt dies den Unternehmen.
(5) Einkommensschwache Gruppen erhalten staatliche Zuwendungen.

## Aufgabe 475

*Welche wirtschaftspolitische Forderung ergänzt die im Stabilitätsgesetz genannten Ziele des „Magischen Vierecks"?*

(1) Stabilität des Preisniveaus
(2) hoher Beschäftigungsstand
(3) gerechte Einkommens- und Vermögensverteilung
(4) stetiges und angemessenes Wirtschaftswachstum
(5) außenwirtschaftliches Gleichgewicht

## Aufgabe 476

*Welches Ziel wird mit dem Gesetz zur Förderung der Stabilität und des Wachstums der Wirtschaft (Stabilitätsgesetz) u.a. angestrebt?*

(1) Die Preise sollen durch Preisvorschriften des Staates stabil gehalten werden.
(2) Ein hoher Beschäftigungsstand soll erreicht werden.
(3) Die Lohnquote soll jedes Jahr steigen.
(4) Der prozentuale Zuwachs der Löhne und Gewinne soll jedes Jahr gleich sein.
(5) Die Umwelt soll geschützt werden.

## Aufgabe 477

*Bestimmen Sie, welche Aussage zum „Magischen Viereck" richtig ist.*

(1) Die einzige wirtschaftspolitische Aufgabe des Staates ist es, die Ziele des „Magischen Vierecks"' zu erreichen.
(2) Wirtschaftspolitische Maßnahmen eines Landes, die auf Preisniveaustabilität ausgerichtet sind, garantieren Vollbeschäftigung.
(3) Wirtschaftspolitische Maßnahmen, die auf Wirtschaftswachstum ausgerichtet sind, garantieren Preisniveaustabilität.
(4) Außenwirtschaftliches Gleichgewicht kann nur durch angemessenes Wirtschaftswachstum erreicht werden.
(5) Maßnahmen zur Erreichung von Preisniveaustabilität können die Arbeitslosigkeit erhöhen.

## Aufgabe 478

*In welchem Fall liegt ein wirtschaftspolitischer Zielkonflikt vor?*

(1) Bei steigender Beschäftigung erhöht sich das Preisniveau.
(2) Bei steigender Beschäftigung erhöht sich das Wirtschaftswachstum.
(3) Bei sinkenden Gehältern sinkt das Preisniveau.
(4) Bei rückläufiger Arbeitslosigkeit bleiben die Gehälter stabil.
(5) Bei stabilen Preisen steigt die Kaufkraft des Geldes.
(6) Die Produktivität erhöht sich im Ausmaß der besseren Kapazitätsauslastung.

## Aufgabe 479

*In einer Zeitung lesen Sie in der Rubrik „Leserzuschriften“ die folgenden drei Aussagen A, B und C zum Wirtschaftswachstum:*

*Aussage A:*
*Qualitatives Wirtschaftswachstum bedeutet gleichmäßige Verteilung der Wachstumsrate als Volkseinkommen auf die Bevölkerung.*

*Aussage B:*
*Quantitatives Wirtschaftswachstum kann Wohlstandsverluste bedeuten, weil damit Umweltbelastung, Klimaveränderung und Verschwendung knapper Rohstoffe verbunden sind.*

*Aussage C:*
*Stress und Belastungen am Arbeitsplatz und bei der Hausarbeit werden bei der Berechnung des quantitativen Wirtschaftswachstums nicht berücksichtigt.*

*Beurteilen Sie, in welcher Zeile diese Aussagen zum Wirtschaftswachstum richtig sind.*

(1) Nur die Aussage A ist richtig.
(2) Nur die Aussagen A und B sind richtig.
(3) Nur die Aussagen A und C sind richtig.
(4) Nur die Aussagen B und C sind richtig.
(5) Die Aussagen A und B und C sind richtig.

## Aufgabe 480

*Bestimmen Sie, welche Aussage zum realen Bruttoinlandsprodukt (BIP) richtig ist.*

(1) Es entspricht in jedem Rechnungsjahr der Gesamtheit aller von einer Volkswirtschaft erbrachten Leistungen, ausgedrückt in den jeweiligen Preisen des Jahres.
(2) Es entspricht der Gesamtheit aller Sozialleistungen einschließlich der Bruttoeinkommen in einem Rechnungsjahr.
(3) Es entspricht der Gesamtheit aller von einer Volkswirtschaft in einem Rechnungsjahr erbrachten Leistungen, ausgedrückt in Preisen eines Basisjahres.
(4) Es entspricht dem realen Volkseinkommen in einem Rechnungsjahr.
(5) Es entspricht dem Nettoinlandsprodukt zu Marktpreisen abzüglich Abschreibungen in einem Rechnungsjahr.

## Aufgabe 481

*Welcher Indikator ist zur Früherkennung des Konjunkturaufschwungs besonders geeignet?*

(1) Das Steueraufkommen.
(2) Die Auftragseingänge.
(3) Die Produktionsmenge.
(4) Die Inflationsrate.
(5) Die Gewinnentwicklung.

## Aufgabe 482

*Welches Merkmal ist typisch für die* Aufschwungphase *im Konjunkturzyklus?*

(1) Zunahme der Investitionen
(2) Rückgang der Investitionen
(3) Zunahme der Arbeitslosigkeit
(4) Abnahme der gesamtwirtschaftlichen Lohnsumme
(5) Abnahme der Kapazitätsauslastung der Betriebe

## Aufgabe 483

*Die Bundesregierung will eine Aufschwungphase der Konjunktur durch Steuervergünstigungen verstärken. Welcher Sachverhalt wirkt dieser Maßnahme* **entgegen***?*

(1) Die Haushalte sparen das zusätzliche Einkommen.
(2) Die Zinssätze für Kredite sinken.
(3) Der Staat erhöht seine Investitionen.

(4) Die Unternehmen erhöhen ihre Investitionen.
(5) Die Haushalte konsumieren mehr Güter.

## Aufgabe 484

*Welche Maßnahme würde eine Hochkonjunktur (Boom) weiter anheizen?*

(1) Streichung von Sonderabschreibungen
(2) Erhöhung der Subventionen
(3) Erhöhung der Mindestreservesätze
(4) Erhöhung der Einkommensteuersätze
(5) Erhöhung der staatlichen Investitionsaufträge

## Aufgabe 485

*Welcher Vorgang kann eine inflationäre Entwicklung dämpfen?*

(1) Wachsende Kreditaufnahme des Staates
(2) Zunahme der Kreditschöpfung durch die Geschäftsbanken
(3) Verminderung der Ausgaben des Staates
(4) Erhöhung der Umlaufgeschwindigkeit des Geldes
(5) Erhöhung der Geldmenge

## Aufgabe 486

*Wodurch kann eine Rezession (Abschwung) ausgelöst werden?*

(1) Ein zu großer Teil des verfügbaren Einkommens wird für Konsumausgaben verbraucht. Es wird zu wenig gespart.
(2) Neue Technologien führen zu niedrigeren Preisen. Die Güternachfrage nimmt dadurch zu.
(3) Die Produktionskapazitäten sind voll ausgelastet. Die Produzenten investieren bei niedrigen Zinsen.
(4) Durch eine kurzfristige Nachfrageerhöhung kommt es zu einer Angebotslücke. Die Preise steigen.
(5) Die Nachfrage nach Krediten ist geringer als die Summe der Ersparnisse. Die Nachfrage geht zurück.

## Aufgabe 487

*Welche Maßnahme ist geeignet, zur Überwindung einer Rezession beizutragen?*

(1) Einschränkung von steuerlichen Abschreibungsmöglichkeiten
(2) Senkung der Staatsinvestitionen
(3) Höhere Besteuerung der Unternehmensinvestitionen
(4) Senkung der Lohn- und Einkommensteuer
(5) Abbau von Subventionen

## Aufgabe 488

*In der Berufsschule hören Sie die folgenden drei Aussagen A, B und C zur Konjunkturpolitik:*

*Aussage A:*
*Zur Ankurbelung der Konjunktur sollten die Abschreibungsmöglichkeiten erhöht und gleichzeitig die Steuern gesenkt werden.*

*Aussage B:*
*Zur Drosselung der Konjunktur sollten Haushaltsrücklagen gebildet und gleichzeitig die Kreditaufnahme erhöht werden.*

*Aussage C:*
*Zur Ankurbelung der Konjunktur sollte die Staatsverschuldung eingeschränkt und gleichzeitig die Steuern gesenkt werden.*

*In welcher Zeile sind die Aussagen zur Einnahmen- und Ausgabenpolitik des Staates richtig beurteilt?*

(1) Nur die Aussage A ist richtig.
(2) Nur die Aussage B ist richtig.
(3) Nur die Aussage C ist richtig.
(4) Die Aussagen A und B sind richtig.
(5) Die Aussagen B und C sind richtig.

## Aufgabe 489

*Welche Maßnahme der Bundesregierung dient unmittelbar der Deckung des staatlichen Finanzbedarfs?*

(1) Senkung des Einkommensteuertarifs
(2) Erhöhung der Abschreibungsmöglichkeiten für Unternehmen
(3) Erhöhung staatlicher Subventionen
(4) Erhöhung des Umsatzsteuersatzes
(5) Erhöhung der Schuldentilgung des Staates

## Aufgabe 490

*Bringen Sie die folgenden beabsichtigten Wirkungen einer Erhöhung der Mindestreservesätze zur Inflationsbekämpfung in der Geldpolitik in die richtige Reihenfolge, indem Sie die Ziffern 1 bis 6 eintragen. (Beginnen Sie mit „Erhöhung der Mindestreservesätze".)*

| | |
|---|---|
| Erhöhung der Mindestreservesätze | ☐ |
| Dämpfung des Preisauftriebs | ☐ |
| Liquidität der Geschäftsbanken sinkt | ☐ |
| Gesamtnachfrage sinkt | ☐ |
| nachfragewirksame Geldmenge sinkt | ☐ |
| Kreditspielraum der Kreditinstitute sinkt | ☐ |

# D

# LÖSUNGEN

## Teil A Prozesse der Lagerlogistik

| Aufgabe | Lösung |
|---|---|
| 1 | 1, 4, 3, 6, 5, 2 |
| 2 | 1, 3, 5 |
| 3 | 3 |
| 4 | 5, 2, 6, 1, 4, 3 |
| 5 | • Konnossement (Bill of Lading)<br>• Zolleinheitspapier (Intrastat-Formular) zur Importgenehmigung<br>• Ursprungszeugnis (Certificate of Origin)<br>• Handelsfaktura (Rechnung) |
| 6 | 3 |
| 7 | Sie haben richtig gehandelt, denn durch die unbeanstandete Annahme der Sendung könnten keine Ansprüche mehr durchgesetzt werden. Es liegt kein Annahmeverzug vor, weil Sie die Annahme nur wegen der fehlenden Bestätigung des Schadens verweigert haben. |
| 8 | 8+6+12 = 26 Säcke |
| 9 | Empfangsadresse prüfen, vereinbarten Liefertermin prüfen, Unversehrtheit der Transportverpackung prüfen, Anzahl der Packstücke prüfen, Zustand von Mehrwegverpackungen prüfen |
| 10 | Ein Brett der oberen Lage/ein Klotz fehlt, ein Brett ist gebrochen, EUR/EPAL-Zeichen fehlt, starke Verschmutzung, unzulässige Reparatur mit falschen Bauteilen |
| 11 | Der Zustand der nicht tauschfähigen beiden Paletten wird auf dem Lieferschein festgehalten und vom Frachtführer unterschrieben. |

<table>
<tr><th>Aufgabe</th><th>Lösung</th></tr>
<tr><td>12</td><td>
<table>
<tr><th colspan="4">Packmitteltauschkonto Lieferant Fachhandel Wagner GmbH</th></tr>
<tr><th>Datum</th><th>Anlieferung</th><th>Ausgabe</th><th>Bestand Nürnberg</th></tr>
<tr><td>01.11.</td><td></td><td></td><td>+ 34</td></tr>
<tr><td>06.11.</td><td>26</td><td>26</td><td>+ 34</td></tr>
<tr><td>13.11.</td><td>15</td><td>2</td><td>+ 47</td></tr>
<tr><td>22.11.</td><td>15</td><td>21</td><td>+ 41</td></tr>
<tr><td>26.11.</td><td>4</td><td>50</td><td>– 5</td></tr>
</table>
</td></tr>
<tr><td>13</td><td>0,2 x 2 000 Stück : 100 = 4 Stück</td></tr>
<tr><td>14</td><td>
<table>
<tr><th>Artikel-<br>nummer</th><th>Differenz<br>+/</th><th>Identität/Beschaffenheit</th></tr>
<tr><td>2389</td><td>0</td><td>OK</td></tr>
<tr><td>2050</td><td>0</td><td>Falscher Artikel, 50 mm lt. Bestellung</td></tr>
<tr><td>2140</td><td>0</td><td>OK</td></tr>
<tr><td>8925</td><td>+ 20</td><td>20 Stück zu viel</td></tr>
<tr><td>9035</td><td>0</td><td>5 Stangen verbogen</td></tr>
<tr><td>9176</td><td>–1</td><td>1 Kiste fehlt</td></tr>
</table>
</td></tr>
<tr><td>15</td><td>Als Grobkontrolle die Stückzahl der gelieferten 10 Pakete. Wie viele Briefbögen in den Paketen enthalten sind, kann erst später bei der Feinkontrolle festgestellt werden.</td></tr>
<tr><td>16</td><td>• Sendungen, deren Verpackung beschädigt war<br>• Sendungen von unzuverlässigen Lieferanten<br>• transportempfindliche Sendungen<br>• Sendungen, die Verderb, Schwund oder anderen Veränderungen ausgesetzt sind (z. B. mit Kippindikatoren oder Temperaturanzeigen versehen)</td></tr>
<tr><td>17</td><td>Kontrolle auf<br>• Qualität (Güte)<br>• Quantität (Menge)</td></tr>
</table>

| Aufgabe | Lösung |
|---|---|
| | • Identität (Art)<br>• Beschaffenheit (Beschädigungen) |
| 18 | 1 Identitätsmangel<br>2 Qualitätsmangel<br>3 Quantitätsmangel<br>4 Mangel in der Beschaffenheit<br>5 Identitätsmangel |
| 19 | 4 000 + 120 + 60 + 2 + 400 = 4 582 kg |
| 20 | Position 2: 900 kg zu wenig geliefert (Quantitätsmangel)<br>Position 3: Falsche Ware geliefert (Identitätsmangel)<br>Position 5: Falsche Ware geliefert (Identitätsmangel) |
| 21 | Position 2: Nachlieferung<br>Position 3 und 5: Umtausch/Neulieferung |
| 22 | Nein, da laut gesetzlicher Bestimmungen abgewartet werden muss, bis<br>• Eine angemessene Nachfrist für eine Nacherfüllung/Nachlieferung vorbei ist<br>• Zwei Nacherfüllungsversuche gescheitert sind. |
| 23 | • Wandlung (Vertragsrücktritt für nicht gelieferte Ware)<br>• Preisminderung für falsch gelieferte Ware (falls man diese doch behalten will)<br>• Schadenersatz statt Nachlieferung (falls wirklich ein Schaden entstanden ist) |
| 24 | 4 |
| 25 | 4 |
| 26 | Bei nicht kalendermäßig bestimmbarem Liefertermin wie vereinbart setzt die Mahnung mit Fristsetzung erst den Lieferanten in Lieferverzug. |
| 27 | Sie kann gar kein Recht geltend machen, da sich ohne Mahnung der Lieferant nicht im Lieferverzug befindet. |
| 28 | Schadenersatz statt der Leistung (Deckungskauf) |

| Aufgabe | Lösung |
|---|---|
| 29 | Wenn der Lieferant verschuldet nicht geliefert hat, befindet er sich ab dem 19. Dezember auch ohne Mahnung in Lieferungsverzug, da es sich um einen Fixkauf handelt. Die Teekontor Hein KG kann alle Rechte aus Lieferungsverzug beanspruchen. |
| 30 | Dadurch können später die Kommissionierzeiten bei der Warenentnahme reduziert werden, da das Kommissionieren und Wiegen von losem Tee entfällt. |
| 31 | 3 |
| 32 | ***Nettogewicht:*** 85 Europaletten x 12 Säcke + 45 Einwegpaletten x 18 Säcke = 1 830 Säcke x 18,5 kg = 33 855 kg<br>***Tara:*** 85 Europaletten x 20 kg + 45 Einwegpaletten x 26 kg + 1 830 Säcke x 0,8 kg = 4 334 kg<br>***Bruttogewicht:*** 33 855 kg + 4 334 kg = ***38 189 kg*** |
| 33 | Summe der Ausgänge: 2 570 kg<br>Endbestand am 14. Dezember: 310 kg |
| 34 | 100 kg = 50 kg + 5 x (– 50 kg)<br>50 kg = 5x (:5)<br>***10 kg = x*** |
| 35 | Ausgänge 2 570 kg : 260 Arbeitstage = 9,88 oder ***gerundet 10 kg.*** Der Meldebestand wird nicht verändert. |
| 36 | Anfangsbestand + Summe der Monatsendbestände: 5 280 kg (Juli mit nochmals 510 kg nicht vergessen)<br>5 280 kg : 13 = ***406 kg gerundet*** |
| 37 | Absatz 2 570 kg : 406 kg = ***gerundet 6,3 Mal im Jahr*** |
| 38 | • Steigerung des Absatzes durch z. B. Werbung, Sonderverkäufe, Gewähren von höheren Rabatten für die Kundschaft<br>• Minderung des durchschnittlichen Lagerbestandes durch Senkung der Belieferungszeiten, Einkauf auf Abruf oder Just-in-time-Belieferung |
| 39 | Durchschnittlicher Lagerbestand: 60 674 Kisten<br>Umschlagshäufigkeit: 15-mal im Jahr |
| 40 | 360 : 14,4 = 25 Tage Lagerdauer |

| Aufgabe | Lösung |
|---|---|
| 41 | Im 4. Quartal waren es ***57 Stück mehr*** als im 3. Quartal:<br>3. Quartal: 200 + 700 + 390 + 750 = 2 040 : 4 = 510 Stück<br>4. Quartal: 750 + 500 + 320 + 698 = 2 268 : 4 = 567 Stück |
| 42 | Die Versicherung wird voraussichtlich ***30.000,00 €*** ersetzen, da das Problem der Unterversicherung zu 2/5 besteht:<br>50.000,00 € x 3 : 5 = 30.000,00 € |
| 43 | 3 |
| 44 | 3, 1, 4 |
| 45 | Die Fremdlagerung ist um ***3.200,00 €*** kostengünstiger:<br>***Eigenlager:*** 20.000,00 € fix + 8.400,00 € variabel (420 x 20) = 28.400,00 €<br>***Fremdlager:*** 420 x 60 = 25.200,00 € |
| 46 | Diese Sammellagerung kann ***nur*** mit Einverständnis der Teekontor Hein KG erfolgen. |
| 47 | Der Lagerhalter muss die Teekontor Hein KG unverzüglich über die Veränderung an der Ware benachrichtigen. |
| 48 | Die Lagerhausgesellschaft darf den Tee nicht herausgeben, das wäre nur mit Vorlage des indossierten Lagerscheins durch den/die Vertreter/-in der Sporthotelkette möglich. Der Eigentümer des Tees ist immer noch die Teekontor Hein KG, der Besitzer ist die Lagerhausgesellschaft. |
| 49 | Die Lagerhausgesellschaft kann einen Teil des Tees in Höhe der entstandenen Lagerkosten als Pfand behalten, die restlichen Säcke müssen herausgegeben werden. |
| 50 | Die Lagerhausgesellschaft kann ***3 Säcke Tee*** als Pfand behalten, bis die Sporthotelkette zahlt:<br>***Lagerkosten:*** 640,00 € Lagergeld (20 t x 32,00 €) + 100,00 € Umschlag (für 4 Mal) + 450,00 € Versicherung = 1.190,00 €<br>1.190,00 € : 4,00 € je kg sind ***297,5 kg.***<br>Da ein Sack 100 kg enthält (20 t in 200 Säcken), sind es aufgerundet 3 Säcke. |

| Aufgabe | Lösung |
|---|---|
| 51 | ***Vorteile:*** Kurze Transportwege zum Kunden, einfache Kontrolle und Warenpflege der Lagerbestände<br>***Nachteile:*** Höhere Fixkosten, höhere Verwaltungs- und Lagerkosten |
| 52 | Da für die Einlagerung des Tees jeder freie Lagerplatz genutzt werden kann, muss die automatische Vergabe und Erfassung der Lagerplätze mit einem WWS (Warenwirtschaftssystem) möglich sein. |
| 53 | 2 |
| 54 | Er dient als Wegweiser für die Lagerplätze und zeigt auf, wo welcher Bestandteil gelagert wird. |
| 55 | Alle bis auf die 4. Aussage sind richtig. Da die Mischbestandteile Rohstoffe oder Hilfsstoffe sind, ist die 4. Aussage falsch. |
| 56 | Die Blocklagerung spart viel Lagerplatz, da keine Gänge zwischen Reihen gebraucht werden. Bei gleichartigem Teegeschirr ist der direkte Zugriff auf einzelne Ware demgegenüber nicht so wichtig, während auf verderbliche Ware wie den Tee selbst immer direkter Zugriff bestehen muss. |
| 57 | 4 |
| 58 | 30 cm (Schmalseite) x 6 = 180 cm : 40 cm Kistenhöhe = 4,5, ***also 4 Kisten***<br>40 cm x 4 Kisten = 160 cm x 2 % = 3,2 cm Abweichung vom Lot |
| 59 | 1 Fachbodenregal oder Verschieberegal<br>2 Traversenregal oder Einfahrregal<br>3 Durchlaufregal<br>4 Kragarmregal oder Waben-/Kassettenregal<br>5 Paternoster oder Kleinteilelager |
| 60 | Beim Verschieberegal. |
| 61 | Ein Regalfeld hat 6 Fachböden (Feldlast 1200 kg : Fachlast 200 kg).<br>Wenn man nur von den Maßen der Kisten ausgeht, könnten 60 Kisten (10 Kisten je Fach) in ein Regalfeld eingelagert werden. Da aber die Fachlast nicht überschritten werden darf, passen ***48 Kisten*** in ein Regalfeld (200 kg : 24 kg = 8,3, also 8 Kisten je Fach x 6 Böden = 48 Kisten). |

| Aufgabe | Lösung |
|---|---|
| 62 | 240 Kisten : 48 Kisten je Feld = ***5 Regalfelder*** |
| 63 | 4 m x 0,35 m x 5 Felder = 7 $m^2$ für die Regale x 1,8 mit Gängen = ***12,6 m²*** |
| 64 | Stellfläche Verschieberegale: 4 m x 0,35 m x 5 Regale = 7 $m^2$ + (4 x 0,8 m) = 10,2 $m^2$<br>Differenz der Stellflächen : 12,6 $m^2$ – 10,2 $m^2$ = 2,4 $m^2$<br>Differenz in Prozent: 2,4 x 100 : 12,6 = ***19 %*** |
| 65 | Durch das Gefälle und evtl. durch Rollen rutschen die Kisten von der Einlagerungsstelle links in Richtung Entnahmestelle rechts. |
| 66 | Das Durchlaufregal ist ideal für Ware mit MHD, da nach dem Fifo-Prinzip entnommen wird: Neue Ware wird hinten eingelagert, ältere Ware rutscht nach vorn und wird dort entnommen. |
| 67 | Fachboden-, Traversen-, Kragarmregal |
| 68 | Als ein Stück wird eine Kiste statt eines Beutels interpretiert. Statt „Stück" sollte „Beutel" auf dem Pickzettel stehen. |
| 69 | höhere Bestellkosten, Kosten für Schwund, Kosten für Kundenrücksendungen etc. |
| 70 | 1 **Zum Paternosterregal gehen**<br>2 Artikelnummer im Display eingeben/einlesen<br>3 Abwarten bis das Kleinteilfach nach vertikalem Umlauf in der Öffnung des Paternosterschrankes sichtbar wird<br>4 Entnahmesperrung verriegeln so dass sich im Regal nichts mehr bewegen kann<br>5 Artikel entnehmen |
| 71 | auftragsorientierte, serielle Kommissionierung |
| 72 | Eine schnellere Auftragsdurchlaufzeit für Kundenaufträge. |
| 73 | Die längste Kommissionierzeit ist die in Lagerzone 2 mit 25 Minuten, also ist der Auftrag frühestens um 7:25 Uhr fertig. |

<table>
<tr><th>Aufgabe</th><th>Lösung</th></tr>
<tr><td>74</td><td>
<table>
<tr><th></th><th>Auftragsorientiert seriell</th><th>Auftragsorientiert parallel</th></tr>
<tr><td>Auftrag 1</td><td>25</td><td>10</td></tr>
<tr><td>Auftrag 2</td><td>31</td><td>15</td></tr>
<tr><td>Auftrag 3</td><td>14</td><td>10</td></tr>
<tr><td>Zeitsumme</td><td>70</td><td>45</td></tr>
</table>
</td></tr>
<tr><td>75</td><td>• Die Durchlaufzeit pro Auftrag verringert sich und dauert insgesamt nur noch so lange wie der langsamste Teilauftrag je Zone.<br>• Die Wegzeit für alle Aufträge verringert sich durch die Aufteilung in Lagerzonen.</td></tr>
<tr><td>76</td><td>Von 7:00 Uhr bis 14:00 Uhr, also 7 Stunden.</td></tr>
<tr><td>77</td><td>Die kommissionierten Serien werden den ursprünglichen Kundenaufträgen wieder (zurück) zugeordnet.</td></tr>
<tr><td>78</td><td>Da große kommissionierte Stückzahlen später wieder kleinen Auftragszahlen zugeordnet werden, sind Verwechslungen möglich. Bei einer auftragsorientierten Kommissionierung bleibt es von Anfang bis Ende bei den kleinen Auftragszahlen.</td></tr>
<tr><td>79</td><td>Die vergleichsweise geringen Stückzahlen eines Einzelauftrags gegenüber denen einer ganzen Serie vieler vermischter Kundenaufträge benötigen weniger Durchlaufzeit.</td></tr>
<tr><td>80</td><td>Wenn viele Aufträge in einer vorgegebenen Zeit bewältigt werden müssen, ist das Zerlegen in Serien durch die Wegminimierung sinnvoll.</td></tr>
<tr><td>81</td><td>Pick-Pack-Verfahren</td></tr>
<tr><td>82</td><td>• Die Hände des Kommissionierers sind frei.<br>• Es gibt weniger Lesefehler.<br>• Die Umwelt wird geschont/weniger Papier.</td></tr>
<tr><td>83</td><td>Am Regal direkt am Stellplatz (meistens unten am Regalboden) leuchten Anzeigen/Leuchtdioden mit der Anzahl der zu entnehmenden Artikel auf. Nach der Entnahme der entsprechenden Menge wird diese per Tastendruck bestätigt.</td></tr>
<tr><td>84</td><td>6 000 Teebeutel x 60 Minuten : 20.000 Teebeutel = 18 Minuten</td></tr>
</table>

<table>
<tr><th>Aufgabe</th><th>Lösung</th></tr>
<tr><td>85</td><td>(Bei Teesäckchen 2 Minuten für Schachtel und 10 Minuten für Einzelentnahme)<br>4 + 8 + 12 = 24 Minuten</td></tr>
<tr><td>86</td><td>Basiszeit 6 Minuten + Wegzeit 12 Minuten (3 Positionen) + Greifzeit 24 Minuten + Verpackungszeit für 50 Packstücke 300 Minuten = 342 Minuten = 5 Stunden 42 Minuten</td></tr>
<tr><td>87</td><td>In Summe 800 Positionen: 6 Fehler x 100 : 800 = 0,75 %</td></tr>
<tr><td>88</td><td><table><tr><td>Abgabe nur festgelegter/vorverpackter Mengen</td><td>Totzeit</td></tr><tr><td>Stichgangsstrategie<br>Umlagern der „Saisonrenner“ nach vorne</td><td>Wegzeit</td></tr></table></td></tr>
<tr><td>89</td><td>• Diese Maßnahme ist ein Service für unsere Kundinnen und Kunden, die die Artikel weiterverkaufen<br>• Die Zeit für den Transport zur Kundschaft muss berücksichtigt werden<br>• Nach Ablauf des MHD können nicht mehr alle Produkteigenschaften zugesichert werden.</td></tr>
<tr><td>90</td><td>1</td></tr>
<tr><td>91</td><td>4</td></tr>
<tr><td>92</td><td>5</td></tr>
<tr><td>93</td><td>Da es sich bei dem Produkt um verderbliche Ware handelt, wird zum Schutz vor Überalterung stets die ältere Ware zuerst ausgelagert. Auf Lager liegen also noch 200 Stück der zuletzt für 0,50 € eingekauften Ware. Der Warenwert des Endbestandes beträgt 200 x 0,5 = 100,00 €.</td></tr>
<tr><td>94</td><td>Die Holzkisten können nicht verderben, daher werden eingehende Kisten vorne eingelagert und auch vorne wieder entnommen. Auf Lager liegen also noch 700 Stück der zuerst am Jahresanfang eingelagerten Ware. Der Warenwert des Endbestandes beträgt 1.060,00 € (400 x 1,5 + 100 x 1,4 + 200 x 1.6).</td></tr>
</table>

| Aufgabe | Lösung |
|---|---|
| 95 | Safranfäden sind ein teures Produkt, das nach Saison und Lieferant stark im Preis schwanken kann. Ausgelagert wird die am teuersten eingekaufte Ware. Auf Lager liegen also noch 70 Stück der am preisgünstigsten eingekauften Ware. Der Warenwert des Endbestandes beträgt **560,00 €** (10 x 7 + 50 x 8 + 10 x 9). |
| 96 | 74,2 : 106 x 6 = **4,2 kg** |
| 97 | Verkaufsverpackung, Packstoff, Packmittel, Packhilfsmittel, Packstück |
| 98 | **70 Beutel** (35 x 2) |
| 99 | **8,8 m** (2 Meter oben und unten + 6 x 0,6(3,6) + 4 x 0,8 (3,2)) |
| 100 | Die Verkaufs- und Informationsaufgabe. |
| 101 | 4 |
| 102 | Durch Verwendung von Trockenmittelbeuteln mit Aktivton oder Kieselgel. |
| 103 | 1, 3, 5 |
| 104 | • Vor Nässe schützen / Keep dry<br>• Hier oben (Aufrecht transportieren) / This side up (keep upright)<br>• Zerbrechlich / Handle with care |
| 105 | • durch die Wellen stabil und hohe Festigkeit gegenüber einfachen Schachteln<br>• leichter als Holzkisten und dadurch geringere Transportkosten |
| 106 | Wein 3 x 1,2 kg = 3,6 kg<br>Salami = 1,150 kg<br>Gebäck = 0,5 kg<br>Schoko = 0,4 kg<br>Korb = 0,4 kg<br>Also ist das Gesamtgewicht brutto je Korb 6,05 kg.<br>6,05 kg x 2 Präsentkörbe in der Schachtel = 12,1 kg + Versandschachtel 1,8 kg = **13,9 kg** |

| Aufgabe | Lösung |
|---|---|
| 107 | ***Alt:*** 300 : 20 Nutzungen = 15 Schachteln = 15,00 €<br>***Neu:*** 300 : 30 Nutzungen = 10 Schachteln = 12,00 €<br>Der Kostenvorteil der neuen Schachtel beträgt 3,00€. |
| 108 | • Die PET Schachtel ist bei 300 Versandzyklen genau so teuer wie die Holzfaserschachtel. Da aber die Rücksendungshäufigkeit leiden wird (Die Schachteln gehen verloren oder werden anderweitig verwendet) sind sie in der Praxis teurer.<br>• Die PET Schachteln haben einen deutlich höheren Emissionsanteil bei der Herstellung und Entsorgung und verschlechtern damit die Ökobilanz<br>• Die PET Schachteln sind nicht faltbar und damit bei der Rückgabe umständlicher zu handeln. |
| 109 | Holzwolle, Wellpappe, Seidenpapier, Popcorn |
| 110 | 5, 2, 1, 7 |
| 111 | Ein Bulk-Container mit Füllöffnungen für den Tee. |
| 112 | 1 |
| 113 | „European Pallet Association“ ist der Palettenpool zur Herstellung und Reparatur der genormten Europaletten und bewirkt deren Tauschbarkeit. |
| 114 | Sie sind besonders geeignet zum geschützten Transport empfindlicher oder verschieden großer Packstücke. |
| 115 | 220 Teller : 2 = **110 Schachteln** |
| 116 | 110 Schachteln x 1,39 € = 152,90 € x 0,95 = **145,26 €** |
| 117 | Die **unterste Lage** hochkant:<br>120 : 41 = 2 Schachteln und 38 cm übrig<br>80 : 15 = 5 Schachteln, also **10 Schachteln längs**<br>Dann noch quer **2 Schachteln** x 15 cm in die Lücke<br>**Oberste Lage** liegend auf den restlichen 39 cm je 2 Schachteln x 15 cm und je 2 nebeneinander x 41 cm auf die Länge = **4 Schachteln**<br>10 + 2 + 4 Schachteln = **16 Schachteln maximal je Gitterbox** |
| 118 | 110 Schachteln : 16 je Palette = aufgerundet **7 Gitterboxpaletten** |
| 119 | 4 |

<table>
<tr><th>Aufgabe</th><th>Lösung</th></tr>
<tr><td>120</td><td>Auf der 2. Kiste steht „3H“ und das wäre ein Kanister aus Kunststoff statt der Naturholzkiste.</td></tr>
<tr><td>121</td><td>Auf der 3. Kiste steht „L“ für flüssigen Stoff statt „S“ für festen Stoff.</td></tr>
<tr><td>122</td><td>5</td></tr>
<tr><td>123</td><td>Alle drei gefährlichen Güter haben den Faktor 3.</td></tr>
<tr><td>124</td><td><table>
<tr><th>Menge</th><th>Indexsumme</th></tr>
<tr><td>20 Kartuschen (10 L je Kartusche)</td><td>200 x 3 = 600</td></tr>
<tr><td>50 kg (5 Kanister je 10 kg)</td><td>50 x 3 = 150</td></tr>
<tr><td>100 Dosen (je 1 Liter)</td><td>100 x 3 = 300</td></tr>
<tr><td>Gesamtsumme</td><td>1050</td></tr>
</table>
Da die Indexsumme größer als 1 000 ergibt, ist eine einfachere Beförderung begrenzter Mengen nicht möglich.</td></tr>
<tr><td>125</td><td>Da dann der morgige Transport als Kleinmenge möglich wäre, ergeben sich positive Folgen:<br>
• Der Fahrer benötigt keine ADR-Gefahrgutbescheinigung.<br>
• Der Lkw muss nicht mit Warntafeln gekennzeichnet werden.<br>
• Es wird lediglich das Kleinmengenformular und nicht ein Sicherheitsdatenblatt oder schriftliche Weisungen mitgeführt.<br>
• Es werden keine besonderen Schutzausrüstungen für den Transport benötigt wie z. B. Feuerlöscher, Auffangbehälter etc.</td></tr>
<tr><td>126</td><td>5, 3, 1, 4, 2, 6</td></tr>
<tr><td>127</td><td>Eine Schachtel mit der Kennzeichnung „x“ für hohe Gefahr.</td></tr>
<tr><td>128</td><td>Dies ist ein Hinweis, dass keine Verbindung mit Wasser bei der Brandlöschung entstehen darf.</td></tr>
<tr><td>129</td><td>5</td></tr>
<tr><td>130</td><td>Nein, denn die Nutzlast des Lkw beträgt 5 Tonnen; die Gesamtladung wiegt jedoch 5 140 kg und ist damit 140 kg zu schwer.</td></tr>
</table>

<table>
<tr><th>Aufgabe</th><th>Lösung</th></tr>
<tr><td>131</td><td>Die 15 Paletten wiegen zusammen brutto 5 962 kg und können bei der angegebenen Nutzlast von 6 t verladen werden.</td></tr>
<tr><td>132</td><td>Die Strecke beträgt insgesamt 480 km. 480 : 80 x 60 = 360 Minuten = 6 Stunden Fahrzeit. Die mit Pause 9-stündige Arbeitszeit reicht aus, wenn nichts Unvorhersehbares dazwischenkommt.</td></tr>
<tr><td>133</td><td>Stau, Umleitungen, Baustellen, Unfälle, Wetterkapriolen, personelle Probleme etc.</td></tr>
<tr><td>134</td><td>1. Abladestelle Lüneburg<br>2. Abladestelle Braunschweig<br>3. Abladestelle Hannover<br>4. Abladestelle Bremen</td></tr>
<tr><td>135</td><td>
<table>
<tr><th colspan="3">Vorne/Führerhaus/Fahrer</th></tr>
<tr><td>KD01</td><td>KD02</td><td>KD02</td></tr>
<tr><td>KD02</td><td>KD02</td><td>KD02</td></tr>
<tr><td>KD02</td><td>KD02</td><td>KD02</td></tr>
<tr><td>KD02</td><td>KD03</td><td>KD03</td></tr>
<tr><td>KD03</td><td>KD04</td><td>KD04</td></tr>
<tr><td colspan="3">Hinten/Rampe</td></tr>
</table>
</td></tr>
<tr><td>136</td><td>• Güter kennzeichnen<br>• Ladung stauen<br>• Ladung sicher befestigen</td></tr>
<tr><td>137</td><td>1</td></tr>
<tr><td>138</td><td>4</td></tr>
</table>

<table>
<tr><th>Aufgabe</th><th>Lösung</th></tr>
<tr><td>139</td><td>
<table>
<tr><th>Kraft</th><th>Berechnung</th></tr>
<tr><td>Gewichtskraft</td><td>8 730 daN</td></tr>
<tr><td>Massenkraft nach vorne</td><td>0,8 x 8 730 = 6 984 daN</td></tr>
<tr><td>Massenkraft nach hinten und zur Seite</td><td>0,5 x 8 730 = 4 365 daN</td></tr>
<tr><td>Reibungskraft</td><td>0,7 x 8 730 = 6 111daN</td></tr>
</table>
</td></tr>
<tr><td>140</td><td>Massenkraft nach vorn 6 984 daN – Reibungskraft 6111daN = 873 daN sind noch zu sichern.</td></tr>
<tr><td>141</td><td>Massenkraft nach hinten/zur Seite 4 365 daN – Reibungskraft 6 111daN = – 1 746 daN. Es ist nichts mehr zu sichern, die Antirutschmatte reicht aus.</td></tr>
<tr><td>142</td><td>Die leeren Stellplätze können durch leere Paletten, Klemmbalken oder Stausäcke gefüllt werden, sodass die Ladung durch lückenloses Stauen nicht verrutschen kann.</td></tr>
<tr><td>143</td><td>Die formschlüssige Ladungssicherung ist ausreichend:<br>9 000 kg x 40 % = 3 600 daN hält die Stirnwand aus. Es sind aber nur noch 873 daN zu sichern.</td></tr>
<tr><td>144</td><td>Die Teemischmaschine wird durch die Vorspannkraft der über sie gespannten Gurte auf die Ladefläche gedrückt. Dadurch erhöht sich die Reibung und die Maschine kann nicht verrutschen.</td></tr>
<tr><td>145</td><td>$\frac{0{,}8 - 0{,}2}{0{,}2} \times \frac{3\,000}{1{,}5} = 6\,000$ daN : 1 000 daN je Gurt = 6 Gurte</td></tr>
<tr><td>146</td><td>Der Kostenvorteil bei Fremdtransport beträgt 168.000,00 €:<br>Eigentransport: 200.000,00 € + 32.000,00 € = 232.000,00 €<br>Fremdtransport: 64.000,00 €</td></tr>
<tr><td>147</td><td>Ab einem Umsatz von 500.000,00 € lohnt sich die Neuinvestition in den Eigentransport:<br>200.000 + 0,4x = 0,8x / – 0,4x<br>200.000 = 0,4x / : 0,4<br>500.000 = x</td></tr>
<tr><td>148</td><td>2</td></tr>
</table>

<table>
<tr><th>Aufgabe</th><th>Lösung</th></tr>
<tr><td>149</td><td>Der Spediteur entscheidet über die Transportart und transportiert entweder mit eigenem Lkw (Selbsteintritt) oder beauftragt andere Frachtführer wie die Bahn oder eine Airline mit dem Transport. So bleibt dieser schwierige Transport flexibel.</td></tr>
<tr><td>150</td><td>1, 5, 2, 6, 3, 4</td></tr>
<tr><td>151</td><td>2</td></tr>
<tr><td>152</td><td><table>
<tr><td>Aschaffenburg</td><td>1 650</td><td>289,10</td><td></td><td>7,50</td><td>296,60</td></tr>
<tr><td>Würzburg</td><td>950</td><td>263,20</td><td></td><td>15,00</td><td>278,20</td></tr>
<tr><td>Erlangen</td><td>1 440</td><td>307,40</td><td>15 %<br>46,11</td><td>30,00</td><td>291,29</td></tr>
</table></td></tr>
<tr><td>153</td><td>Kurier-, Express-, Paketdienste</td></tr>
<tr><td>154</td><td>Die automatischen Sortieranlagen der KEP-Dienste ermöglichen den kostengünstigen Transport nur bei bestimmten Höchstabmessungen.</td></tr>
<tr><td>155</td><td><table>
<tr><th rowspan="2">Paket</th><th rowspan="2">Gurtmaß in cm</th><th colspan="2">Transport möglich</th><th rowspan="2">Begründung bei nein</th></tr>
<tr><th>ja</th><th>nein</th></tr>
<tr><td>A</td><td>400</td><td></td><td>x</td><td>Gurtmaß überschritten</td></tr>
<tr><td>B</td><td>340</td><td>x</td><td></td><td></td></tr>
<tr><td>C</td><td>284</td><td></td><td>x</td><td>Gewicht überschritten</td></tr>
<tr><td>D</td><td>262</td><td>x</td><td></td><td></td></tr>
<tr><td>E</td><td>292</td><td></td><td>x</td><td>Länge überschritten</td></tr>
<tr><td>F</td><td>320</td><td>x</td><td></td><td></td></tr>
</table></td></tr>
<tr><td>156</td><td>2,4,1,3</td></tr>
<tr><td>157</td><td>Die Fertigmischung wiegt 454 Gramm, also 0,454 kg. Das entspricht 1 lb.</td></tr>
</table>

<table>
<tr><th>Aufgabe</th><th>Lösung</th></tr>
<tr><td>158</td><td>2</td></tr>
<tr><td>159</td><td>CIM-Frachtbrief</td></tr>
<tr><td>160</td><td>
<table>
<tr><td>Beginn Verladung auf das Seeschiff</td><td>0:00 Uhr (27.11.)</td></tr>
<tr><td>Bereitstellung Containerterminal</td><td>20:00 Uhr (26.11.)</td></tr>
<tr><td>Bahntransport</td><td>Abfahrt 11:00 Uhr<br>Ankunft 19:30 Uhr</td></tr>
<tr><td>Bereitstellung Versandbahnhof</td><td>10:00 Uhr</td></tr>
<tr><td>Transport zum Versandbahnhof</td><td>Beginn 9:30 Uhr<br>Ende 10:00 Uhr</td></tr>
<tr><td>Spätester Beginn Containerbeladung im Lager</td><td>3:30 Uhr am 26.11.</td></tr>
</table>
</td></tr>
<tr><td>161</td><td>• Gründung, Verkauf, Auflösung des Unternehmens<br>• Ende des Geschäftsjahres</td></tr>
<tr><td>162</td><td>verlegte Stichtagsinventur</td></tr>
<tr><td>163</td><td>
<table>
<tr><th>Bezeichnung</th><th>Gezählte Menge</th><th>Abweichung +/–</th></tr>
<tr><td>Holzkisten</td><td>26 GiBo</td><td>– 4</td></tr>
<tr><td>Bodenplatten</td><td>100,64 m²</td><td>OK</td></tr>
<tr><td>Kisten-Leisten</td><td>777 m</td><td>+ 20</td></tr>
</table>
</td></tr>
<tr><td>164</td><td>4, 2, 8, 6, 1, 3, 5, 7</td></tr>
<tr><td>165</td><td>1</td></tr>
<tr><td>166</td><td>821 – 400 + 198 = 619 Stück</td></tr>
<tr><td>167</td><td>Stichtagsinventur, Stichprobeninventur, verlegte Inventur</td></tr>
<tr><td>168</td><td>Weniger Zählarbeit und weniger Personal, da nicht alle Ware gezählt werden muss.</td></tr>
<tr><td>169</td><td>95.000,00 €</td></tr>
<tr><td>170</td><td>5</td></tr>
</table>

| Aufgabe | Lösung |
|---|---|
| 171 | 2 |
| 172 | (siehe Bilanz unten) |
| 173 | (siehe Tabelle unten) |

**172**

| Bilanz | |
|---|---|
| **Aktivseite** | **Passivseite** |
| ***I Anlagevermögen*** | |
| Gebäude 200.000,00 | ***I Eigenkapital 374.000,00*** |
| Maschinen 60.000,00 | |
| Fuhrpark 90.000,00 | ***II Fremdkapital*** |
| Geschäftsausstattung 50.000,00 | Hypothek 20.000,00 |
| | Darlehen 8.000,00 |
| ***II Umlaufvermögen*** | Verbindlichkeiten 32.000,00 |
| Waren 10.000,00 | |
| Forderungen 4.000,00 | |
| Kasse 4.000,00 | |
| Bankguthaben 16.000,00 | |
| ***434.000,00*** | ***434.000,00*** |

**173**

| Geschäftsvorfall | Berechnung |
|---|---|
| 1. Wareneinkauf auf Ziel | Aktiv-Passiv-Mehrung |
| 2. Barverkauf eines gebrauchten Sprinters | Aktivtausch |
| 3. Zieleinkauf einer Rechenmaschine | Aktiv-Passiv-Mehrung |
| 4. Warenverkauf gegen Banküberweisung | Aktivtausch |
| 5. Ein Kunde überweist auf das Bankkonto | Aktivtausch |
| 6. Umwandlung einer Verbindlichkeit in ein Darlehen | Passivtausch |
| 7. Aufnahme eines neuen Darlehens bei der Bank | Aktiv-Passiv-Mehrung |
| 8. Ausgleich einer Lieferantenrechnung mit Postscheck | Aktiv-Passiv-Minderung |

| Aufgabe | Lösung |
|---|---|
| 174 | (see table below) |
| 175 | 1 |

Aufgabe 174:

| Nr. | Kontenbezeichnung | |
|---|---|---|
| 1. | Waren | an Verbindlichkeiten |
| 2. | Kasse | an Fuhrpark |
| 3. | Geschäftsausstattung | an Verbindlichkeiten |
| 4. | Bank | an Waren |
| 5. | Bank | an Forderungen |
| 6. | Verbindlichkeiten | an Darlehen |
| 7. | Bank | an Darlehen |
| 8. | Verbindlichkeiten | an Postbank |

## Teil B Rationeller und qualitätssichernder Güterumschlag

| Aufgabe | Lösung |
|---|---|
| 176 | 3 |
| 177 | 1 |
| 178 | 4 |
| 179 | 3 |
| 180 | 1 |
| 181 | 3, 1, 6, 8, 5, 2, 4, 7 |

| Aufgabe | Lösung |
|---|---|
| 182 | 4 |
| 183 | 5 |
| 184 | **30 cm**<br>(200 $dm^3$ : 10 dm Breite : 10 dm Länge = 2 dm Höhe = 20 cm + 10 cm Sicherheit = 30 cm) |
| 185 | 5 |
| 186 | 3 |
| 187 | 4 |
| 188 | 2700 Positionen : 300 je Roboter = 9 Transportroboter |
| 189 | 2 |
| 190 | 1 |
| 191 | 3 |
| 192 | 4 |
| 193 | 2 |
| 194 | 1 |
| 195 | 4 |
| 196 | 3 |
| 197 | 5 |
| 198 | 1 |
| 199 | **9:00 Uhr**<br>(Anheben/Absetzen für 40 Paletten = 40 Minuten<br>+ 240 Meter x 40 Paletten = 9 600 Meter : 150 Meter = 64 Minuten<br>+ 16 Minuten zu Beginn = 120 Minuten = 2 Stunden) |
| 200 | 1 |
| 201 | 2 |
| 202 | 5 |
| 203 | 4 |
| 204 | 3 |
| 205 | 2, 1, 3, 6, 5, 4 |

| Aufgabe | Lösung |
|---|---|
| 206 | 5 |
| 207 | Ja, die Einlagerung ist möglich, da bei einem Lastschwerpunkt von 600 mm (die Hälfte der Längsseite der Europalette) bis zu 1 250 kg in eine Höhe von bis zu 5,03 Meter gehoben werden dürfen. |
| 208 | 5 |
| 209 | 2 |
| 210 | 1 |
| 211 | In Summe 373 kg Mischung : 0,050 kg je Beutel = **7 460 Beutel**. |
| 212 | 3 |
| 213 | 5 |
| 214 | 2 |
| 215 | 3 |
| 216 | 4 |
| 217 | 2, 6, 3 |
| 218 | 1 |
| 219 | 5 |
| 220 | 1, 4, 5 |
| 221 | 4 |
| 222 | 4 |
| 223 | 2 |
| 224 | 3 |
| 225 | 1 |
| 226 | 3 |
| 227 | 4, 2, 6, 3, 7, 1, 5 |
| 228 | 5, 1, 2 |
| 229 | 5 |
| 230 | 5 |

| Aufgabe | Lösung |
|---|---|
| 231 | 5 |
| 232 | 2 |
| 233 | 3 |
| 234 | 4 |
| 235 | 2 |
| 236 | 6 x 40 = 240 Stück Mindestbestand + (8 x 40) = **560 Stück** |
| 237 | 5 |
| 238 | 3900 kg Lagerbestand – 1200 kg Mindestbestand = 2700 kg : 300 Tagesabsatz = 9 Tage bis zum Erreichen des Mindestbestandes abzüglich 6 Tage für Lieferung und Bestellvorgang, also muss **nach 3 Tagen** bestellt werden. |
| 239 | 1 |
| 240 | 5 |
| 241 | 2 |
| 242 | 2, 4, 1 |
| 243 | 2 |
| 244 | 85,00 € |
| 245 | 5 |
| 246 | 1 |
| 247 | a) 148 kg x 5,00 € = **740,00 €**<br>b) 148 kg x 5,00 € + 7,50 € = **747,50 €** |
| 248 | 1 |
| 249 | 2 |
| 250 | **8,84 €**<br>***Meyer:*** 10.000,00 € – 10 % = 9.000,00 € + 50,00 € = 9.050,00 € : 1 000 Stück = 9,05 €<br>***Plön eG:*** 10.000,00 € – 15 % = 8.500,00 € + 300,00 € + 40,00 € = 8.840,00 € : 1 000 Stück = 8,84 € |
| 251 | **25 %**<br>(100 x 100 : 400) |

| Aufgabe | Lösung |
|---|---|
| 252 | 5 |
| 253 | 3 |
| 254 | 5 |
| 255 | 2 |
| 256 | 4 |
| 257 | 4 |
| 258 | 1 |
| 259 | 2 |
| 260 | 3 |
| 261 | 2, 5, 1 |
| 262 | **1.890,00 €**<br>(130 + 1.340 + 420) |
| 263 | 4 |
| 264 | 3 |
| 265 | 4 – Es wurde das Incoterm „FOB“ vereinbart.<br>4.865,00 DKK – 240,00 DKK (Hausfracht Importeur) – 500,00 DKK (Löschen in Aalborg) = 4.125,00 DKK, die außerdem noch von Thehandel Nielsen bezahlt wurden.<br>Bei einem Kurs von 7,5 DKK/EURO teilt man diese 4.125,00 DKK durch 7,5 = 550,00 €.<br>Diese 550,00 € entsprechen der Seeversicherung (150,00 €) + der Seefracht nach Aalborg (400,00 €), also zahlt der dänische Importeur die Transportkosten ab dem beladenen Schiff in Hamburg. Die Teekontor Hein KG liefert also FOB (free on board) Hamburg. |
| 266 | 5 |
| 267 | 3 |
| 268 | 3, 6, 1, 4, 5, 2 |
| 269 | 1 |
| 270 | 5, da die Hein KG als Kleinbetrieb mit unter 100 Beschäftigten nicht unter das LkSG fällt, |
| 271 | 1 |

| Aufgabe | Lösung |
|---|---|
| 272 | **20 %** (95 – 75) |
| 273 | **42 %** (100 – 58) |
| 274 | **11 %** (220 x 100 : 2 000) |
| 275 | **1.485.000,00 €** (7.500.000 x 19,8 %) |
| 276 | **7,2 %**<br>(Wertanteil A-Güter = 5.475.000 x 100 : 7.500.000 = 73 %<br>100 % Wertanteil – 73 % -19,8 % = 7,2 %) |
| 277 | 2 |
| 278 | 4 |
| 279 | 4 |
| 280 | 2 |
| 281 | 5 |
| 282 | 4, 1, 3, 5, 2 |
| 283 | 1 |
| 284 | 1, 5, 4, 2, 3 |
| 285 | 4 |
| 286 | 3 |
| 287 | 1 |
| 288 | 2, 1, 4 |
| 289 | 3 |
| 290 | 3 |
| 291 | 5 |
| 292 | 4 |
| 293 | 1 |
| 294 | 2 |
| 295 | 5 |
| 296 | 4 |
| 297 | 3 |

| Aufgabe | Lösung |
|---|---|
| 298 | 2 |
| 299 | 4 |
| 300 | 4 |
| 301 | 1, 7, 3, 5, 4, 2, 6 |
| 302 | 1 |
| 303 | 3 |
| 304 | 5 |
| 305 | 2 |
| 306 | 1 und 5 |
| 307 | 3, 4, 2, 1 |
| 308 | 1 |
| 309 | 4, 3, 1 |
| 310 | 3, 5, 2 |
| 311 | 4, 1, 3, 2 |
| 312 | 5 |
| 313 | 1 |
| 314 | 2 |
| 315 | 4 |
| 316 | 3 |
| 317 | 3 |
| 318 | 4, 5, 2, 1, 3 |
| 319 | 6, 3, 1 |
| 320 | 1 |

# Teil C Wirtschafts- und Sozialkunde

| Aufgabe | Lösung |
|---|---|
| 321 | 3, 2, 1, 3 |
| 322 | 2 |
| 323 | 1 |
| 324 | 4 |
| 325 | 5 |
| 326 | 2 |
| 327 | 4 |
| 328 | 3 |
| 329 | 4,5 |
| 330 | 1, 2, 4, 3, 6, 5 |
| 331 | 5 |
| 332 | 3 |
| 333 | 1 |
| 334 | 4 |
| 335 | Am 15. Juli. |
| 336 | 1 |
| 337 | 3 |
| 338 | 4 |
| 339 | 1 |
| 340 | 2, 1, 5 |
| 341 | 2, 1, 5, 3, 6, 4 |
| 342 | 2 |
| 343 | 3, 4, 2 |
| 344 | **1.287,76 €**<br>(2.340,00 – LoSt 536,00 – KiSt 48,24 – SozVers. 468,00) |

| Aufgabe | Lösung |
|---|---|
| 345 | **2.144,00 €**<br>(3.200 + 52 = 3.252 brutto<br>– LoSt 480,00 – SozVers 550,00 = 2.195,60 netto – Sparrate VwL 78,00) |
| 346 | 1 |
| 347 | 3 |
| 348 | 5 |
| 349 | 4 |
| 350 | 3 |
| 351 | 1 |
| 352 | 4 |
| 353 | 2 |
| 354 | 3 |
| 355 | 1 |
| 356 | 5 |
| 357 | 3 |
| 358 | 5 |
| 359 | 2 |
| 360 | 1 |
| 361 | 2 |
| 362 | 1 |
| 363 | 4 |
| 364 | 4 |
| 365 | 3 |
| 366 | 5 |
| 367 | 2 |
| 368 | 3 |
| 369 | 1 |
| 370 | 4 |

| Aufgabe | Lösung |
|---|---|
| 371 | 3 |
| 372 | 5 |
| 373 | 5 |
| 374 | 1 |
| 375 | 2 |
| 376 | 3 |
| 377 | 2 |
| 378 | 1 |
| 379 | 2 |
| 380 | 3 |
| 381 | 4, 7, 1, 3, 2, 6, 8, 5 |
| 382 | 5 |
| 383 | 2, 3, 4 |
| 384 | 4 |
| 385 | 3 |
| 386 | 5 |
| 387 | 2 |
| 388 | 3, 1, 2, 4 |
| 389 | 1 |
| 390 | 5 |
| 391 | 2 |
| 392 | 3 |
| 393 | 1 |
| 394 | 4 |
| 395 | 5 |
| 396 | 3 |
| 397 | 4 |

| Aufgabe | Lösung |
|---|---|
| 398 | 5 |
| 399 | 1 |
| 400 | 2, 5, 3 |
| 401 | 4 |
| 402 | 5 |
| 403 | 1 |
| 404 | 2 |
| 405 | 4 |
| 406 | 5 |
| 407 | 3 |
| 408 | 1 |
| 409 | 4, 1, 3 |
| 410 | 3 |
| 411 | 5 |
| 412 | 3 und 4 |
| 413 | 3 |
| 414 | 3, 1, 5 |
| 415 | 3, 1, 4, 2 |
| 416 | 1 |
| 417 | 3 |
| 418 | 4 |
| 419 | 1 |
| 420 | 4 |
| 421 | 5 |
| 422 | 3 |
| 423 | 5, 4, 1 |
| 424 | 2 |
| 425 | 3 |

| Aufgabe | Lösung | | | | |
|---|---|---|---|---|---|
| 426 | 1 | | | | |
| 427 | 4 | | | | |
| 428 | 2, 5, 1 | | | | |
| 429 | 1 | | | | |
| 430 | 2 | | | | |
| 431 | 1 | | | | |
| 432 | 4 | | | | |
| 433 | 1 | | | | |
| 434 | 1 | | | | |
| 435 | 5 | | | | |
| 436 | 3 | | | | |
| 437 | Gesellschafter/-in | Gehalt | Verzinsung | Restanteil | Gesamtgewinn |
| | A | – | 6.720,00 | 30.000,00 | 36.720,00 |
| | B | – | 12.800,00 | 30.000,00 | 42.800,00 |
| | C | 80.000,00 | 8.640,00 | 60.000,00 | 148.640,00 |
| | **Summe** | 80.000,00 | 28.160,00 | 120.000,00 | 228.160,00 |
| 438 | 3 | | | | |
| 439 | 4 | | | | |
| 440 | 3 | | | | |
| 441 | 4 | | | | |
| 442 | 2 | | | | |
| 443 | 1 | | | | |
| 444 | 2 | | | | |
| 445 | 5 | | | | |
| 446 | 3 | | | | |
| 447 | 5 | | | | |
| 448 | 2 | | | | |

| Aufgabe | Lösung |
|---|---|
| 449 | 4 |
| 450 | 1 |
| 451 | 1 |
| 452 | 5 |
| 453 | 454 |
| 454 | 1 |
| 455 | 3 |
| 456 | 5 |
| 457 | 3 |
| 458 | 3 |
| 459 | **1,50 €**<br>Summe LEP 510,20 – Rabatt 204,08 – Skonto 6,12 = BEP 300,00 € + Bezugskosten 75,00 € = 375,00 € für 250 kg Nettogewicht<br>375,00 : 250,00 = 1,50 € je kg |
| 460 | **14.875,00 €**<br>1,53 € x 8 500 kg = 13.005,00 € Gesamtbezugspreis – Bezugskosten – Bareinkaufspreis 12.697,30 € (: 97 x 100) = 13.090,00 € Zieleinkaufspreis (: 88 x 100) = 14.875,00 € |
| 461 | 4 |
| 462 | 3 |
| 463 | 2 |
| 464 | 5 |
| 465 | 3 |
| 466 | 2 |
| 467 | 1, 5 ,2 |
| 468 | 2, 5, 1, 3, 4, 6 |
| 469 | 4 |
| 470 | 1 |
| 471 | 3 |

| Aufgabe | Lösung |
| --- | --- |
| 472 | 4 |
| 473 | 2 |
| 474 | 5 |
| 475 | 3 |
| 476 | 2 |
| 477 | 5 |
| 478 | 1 |
| 479 | 4 |
| 480 | 3 |
| 481 | 2 |
| 482 | 1 |
| 483 | 1 |
| 484 | 5 |
| 485 | 3 |
| 486 | 5 |
| 487 | 4 |
| 488 | 1 |
| 489 | 4 |
| 490 | 1, 6, 2, 5, 4, 3 |

# Bildquellenverzeichnis

**Getty Images (RF), München:** mikimad 1.1.
**Hild, Claudia, Angelburg:** 36.1.
**Jouve Germany GmbH & Co. KG, München:** 83.1.
**stock.adobe.com, Dublin:** Iakobchuk, Viacheslav Titel, Titel; nsdpower 1.2; SimpLine 47.1, 47.2, 47.3.
**wgr-logo, Braunschweig:** Titel.
**YPS - York Publishing Solutions Pvt. Ltd.:** 45.1, 56.1, 108.1.

# Sachwortverzeichnis